COMO EVITAR
EL MIEDO

COMO EVITAR

EL MIEDO

Por
Jesús Alejandro Mena Gauna

Editorial Alex Mena
Estados Unidos – México

Como Evitar El Miedo

Primera Edición 2016
Las características de esta edición son propiedad de:

Jesús Alejandro Mena Gauna

www.AlejandroMena.com

Derechos Reservados
Queda rigurosamente prohibida sin la autorización por escrito del titular del copyright, bajo las sanciones establecidas por la ley, la reproducción total o parcial de esta obra, por cualquier medio o procedimiento, incluidos la reprografía y el tratamiento informático, así como la distribución de ejemplares de la misma, mediante alquiler o préstamo público.

Printed by CreateSpace, An Amazon.com Company

Editorial Alex Mena
www.AlexMena.com

Impreso en Estados Unidos

Dedicatoria

Este libro lo dedico con mucho cariño para mis hermanos y hermanas carnales a quien tanto quiero:

Rodolfo Mena Gauna

Santiago Mena Gauna

Gerardo Mena Gauna

María del Socorro Mena de Leal
y
Lilia Aurora Mena de Flores

Jesús Alejandro Mena Gauna

Abril de 2016   The Woodlands, Texas, USA

Éxito = Dominar El Miedo

En las siguientes páginas encontrarás los miedos que tienes en esta etapa de tu vida y que a lo mejor ni cuenta te das, así como la forma de vencer tus miedos y lograr el éxito en tu vida.

Si evitas sentir miedo lograrás el éxito en tu negocio, en tu oficina, con tu pareja, en tu matrimonio, en tu trabajo, con tu novio o novia, en la escuela, en las relaciones de amistad, en todo lo que hagas.

IMPORTANTE

Fines informativos de este libro

Lo expuesto en este libro representa la opinión del autor, y no es aplicable a todas las situaciones personales. Aunque este pasando por una situación que parezca muy similar, puede tener muchas diferencias en algunos aspectos. Por lo tanto el autor y la editorial, no se hacen responsables de las acciones tomadas por los lectores en base a lo que leyeron aquí. Cada lector debe tener mucha precaución al aplicar todo lo descritos en este libro en sus circunstancias personales. Nuestra recomendación es que consulte un profesional en la materia, antes de tomar cualquier decisión. Use su sentido común y tenga mucho cuidado.

El material mencionado en este libro, se proporciona únicamente con fines informativos, y no constituye un asesoramiento profesional.

INDICE

Indice

Prólogo

Capítulo 1
Los Miedos

Capítulo 2
5 Miedos = Los 5 Dragones

Capítulo 3
El Miedo a la Distancia – de 0 a 7 años

Capítulo 4
El Miedo a la Cercanía – de 7 a 14 años

Capítulo 5
El Miedo al Cambio – de 14 a 21 años

Capítulo 6
El Miedo a la Continuidad – de 21 a 28 años

Capítulo 7
El Miedo a Perder – de 28 a 42 años

Capítulo 8
Ciclo de Vida de 42 a 49 años

Capítulo 9
Ciclo de Vida de 49 a 56 años

Capítulo 10
Ciclo de Vida de 56 a 63 años

Capítulo 11
Ciclo de Vida de 63 a 70 años

Capítulo 12
Ciclo de Vida de 70 a 84 años

Epílogo

Otras Obras del Autor

PROLOGO

Me da mucho gusto tratar este tema de los miedos en las diferentes etapas de la vida, porque creo que con la lectura de este libro y puestas en práctica las recomendaciones que aquí doy, se podrán ayudar muchas personas, principalmente para sanar su alma, mente y cuerpo, teniendo una buena salud y lograr sus objetivos en la vida.

Todos tenemos o hemos tenido miedos, eso es algo normal y natural, no es posible no tener miedos,

por Jesús Alejandro Mena Gauna

pero muchas personas en vez de enfrentarlos y someterlos, lo disfrazamos, los tapamos, o no nos damos cuenta que los tenemos y simplemente los justificamos diciendo, es que a mi no me gusta hacer esto o aquello, o no me gusta salir, o no me gusta ir, o no me gusta viajar, o no me gusta, o no me gusta, o no me gusta, pero en realidad es que no actuamos porque tenemos un miedo en nuestro interior, un miedo que tenemos que saber controlar, dominar y conquistar.

Lo importante es descubrir que tenemos miedos y que debemos trabajar en ellos para dominarlos. En este trabajo encontrarás los miedos que por naturaleza, a todos nos toca atravesar en las diferentes esta etapa de la vida y como conquistarlos. Y comprenderás los miedos que tienen tus hijos, tus padres, y todos en tu familia, y así podrás entenderlos y ayudarlos a dominarlos.

Conquistar tus miedos solo depende de ti. Ya deja de vivir preocupado todo el tiempo, nervioso, de mal genio. Conviértete en un Guerrero Espiritual, y no estoy hablando de religión.

Entonces te preguntarás y ¿Que es un Guerrero Espiritual?

Bueno, te voy a decir ampliamente lo que es el Guerreo Espiritual. Es quien trabaja en sus propios miedos y no cree que pueda florecer nada bueno del miedo, y hace de la vida una búsqueda, es quien trata de sacarle sentido a cada momento, quien valora la sabiduría y la compasión, quien aprende a manejarse vital y existencialmente, quien es todo sagacidad y está libre de violencia.

Es un guerrero el que entona el ánimo, no desfallece, saca inspiración de la tristeza, valora lo positivo y no se pierde en lo negativo. Es recio y recto; procura ser ético y ecuánime, intenta no caer en sus propias trampas, convierte la vida en la gran maestra, trata de liberar la mente de engaños y autoengaños, pretextos falaces y componendas.

Además, valora la inteligencia clara y la ternura expansiva, está siempre en el intento de auto-desarrollarse para beneficio propio y de los demás, vive sin odio entre los que odian, con alegría entre los abatidos, con confianza entre los desconfiados, con júbilo entre los desolados, con ánimo entre los desanimados y con desapego entre los codiciosos.

La guerrería espiritual es una actitud, un aroma, una presencia. Puede ser un guerrero el estudiante, el ama de casa, el hombre de negocios, el campesino o cualquier persona que procure un significado de crecimiento interior a su vida, que asocie el desarrollo externo con el interno, que esté en el intento y en el empeño de abrillantar la consciencia, de pulir la inteligencia primordial y desenvolver el amor y la compasión.

El guerrero es cuidadoso consigo mismo y con los demás, evita el daño, promueve el bienestar, desarrolla un sentimiento de unidad.

Es un verdadero guerrero espiritual aquél que aprende a relacionarse consigo mismo, mejora la relación con otras criaturas sintientes, desarrolla sus potenciales anímicos, procura un sentido de integración y mejoramiento a la existencia, promueve las energías constructivas y de crecimiento, instrumentaliza la vida, incluso en las circunstancias adversas para completar su evolución interior. Sabe vivir a cada instante con consciencia lúcida y ecuánime, o por lo menos no ceja en su intento de conseguirlo.

Es un guerrero espiritual el que emprende la conquista de sí mismo. Para ello no se aísla, prosigue con su vida cotidiana, aunque en una dimensión de consciencia y percepción diferente a los que no están en la senda de la búsqueda; vive instalado en el equilibrio, no dejándose perturbar en exceso por la ganancia o la derrota, el encuentro o el desencuentro, el elogio o el insulto.

No hay mayor conquista que la de uno mismo; no hay mayor conocimiento que el conocimiento interior; no hay mayor alegría que la que brota de la fuente interna de serenidad y no depende exclusivamente de los eventos del exterior.

Prólogo

Aprende el guerrero espiritual a no lamentarse ni auto-compadecerse. No se complace en la duda por la duda, investiga, aprende, titubea pero no es la suya la incertidumbre escéptica, estéril y desertizarte. Apela a la inteligencia humana y desarrolla la comprensión clara, aunque sabe que muchos seres humanos ni siquiera entienden lo que es comprender.

Ama el silencio exterior, cuanto más el interior. Remansándose en sí mismo, en meditación fecunda, renueva su energía, su visión clara, su ánimo estable. En meditación, cultiva metódicamente la atención y bruñe la conciencia. En la vida cotidiana prosigue alerta, porque sólo los atentos están vivos y evitan herir en pensamiento, palabra o acción. Porque esta atención le hace ser preciso, autoconsciente y vigilante, y no se identifica con negatividades propias o ajenas. En la meditación y en el silencio interior el guerrero escucha la voz de su ser, que le infunde nuevos ánimos.

No cree en la violencia, sabe que la única ley eterna es la del amor. No cree en la coacción ni en medio coercitivos, sabe que la disciplina consciente es imprescindible, así como el confrontar la vida con sentido del esfuerzo y del dolor. No se ofende por banalidades, no se inmuta por trivialidades. Nota cree en el desorden, pero su orden no es rígido ni neurótico. Sabe que la limpieza del mundo debe empezar con la de la propia mente.

Aprecia su cuerpo, lo atiende, lo dispone, lo

prepara, pero sin apego, sin obsesiones. También cuida su mente y la cultiva con esmero. Impone una dosis de dignidad a su carácter y examina su conducta. A través de la meditación recobra su armonía básica, siendo su postura símbolo de su talante. Desde la tierra en la que se apoya quiere proyectarse a la totalidad.

El guerrero espiritual, en fin, trata de mantener la mente limpia. Ahora que ya sabes lo que es un Guerrero Espiritual, espero trates de llegar a serlo y para eso empieces con conquistar tus miedos.

Curando El Alma se cura El Cuerpo

Hay muchas personas que sufren dolor de cabeza, de una migraña que no los deja vivir en paz, o con esa tensión tal elevada que acelera su corazón o **con esa pena que los abruma,** que los agota, que les impide levantarse por las mañanas. Les duele el cuerpo. Y como tal, reciben esas **pastillas adecuadas para el dolor de la vida.**

Y yo me pregunto: ¿Es lo adecuado?

No podemos atribuir toda la culpa a nuestros médicos, es muy poco el tiempo que tienen para atendernos y es habitual por ejemplo, volver a casa con un tratamiento poco acertado. A las pocas semanas volverá esa acidez de estómago, esos mareos que nos impiden salir de casa y esas taquicardias que se acentúan cuando volvemos al trabajo.

La vida duele. La vida tiene efectos secundarios que hiere **nuestra alma y enferma nuestro cuerpo**. **¿Qué podemos hacer?** ¿Cómo enfrentarnos a esta dura realidad?

No vamos a entrar aquí en discusiones filosóficas o religiosas sobre la existencia o no del alma. Pero todos entendemos el concepto. A ella atribuimos lo que somos, lo que sentimos, en ella están **nuestros miedos y nuestras ansiedades**. Nuestros sueños. Existen teorías que van un poco más allá, teorías que por ejemplo, nos hablan del concepto de la regresión y de vidas anteriores, ahí donde seguimos "cargando" con asuntos sin solucionar. Pero no vamos a entrar en estos conceptos. Nos quedaremos en la idea básica de que el alma, es una representación de nuestra auténtica esencia. Una **entidad muy frágil,** vulnerable y que diariamente se siente herida.

¿Cómo avanzar por nuestra cotidianidad si nuestro ser se encuentra decepcionado o coaccionado?

El cuerpo se resiente y la somatización (somatizar es transformar problemas psíquicos en síntomas orgánicos de manera involuntaria), es posiblemente una de las realidades más comunes en casi todas las consultas médicas. Una **depresión no diagnosticada** seguirá escondida pero patente en **la persona que la sufre**. De nada le sirve un calmante para ese dolor de espalda o ese dolor de estómago. La persona llega al especialista quejándose del sufrimiento, de esos problemas gastrointestinales que apenas le permiten comer casi nada. ¿Qué podemos hacer? En primer lugar **ser responsable**. Ser consciente de que el verdadero foco del problema está en nuestra mente, no es nuestro cuerpo. Y puede que te sorprendas, pero algo así no es fácil de admitir para muchos de nosotros. Es más sencillo asumir que padecemos migrañas, que una depresión.

Es curioso también lo que se da en muchas familias donde uno de los miembros, es diagnosticado precisamente con esta enfermedad, con una depresión. **¿Cómo deben tratar ahora a ese familiar?** ¿Cómo nos dirigiremos a él? ¿Qué debe hacer un niño cuya madre padece una depresión?

De algún modo nuestra sociedad no termina de aceptar o de asumir esos "dolores del alma". Cuando en realidad sería precisamente el mejor instrumento de ayuda y de apoyo. La familia y los amigos pueden ser en ocasiones la mejor medicina para ayudarnos en estas situaciones.

Pero ¿Cómo se cura el alma?

1. Sé consciente de todo lo que ocurre a tu alrededor y de cómo te afectan determinadas cosas.

En ocasiones, cedemos más de la cuenta. Aceptamos cosas que van en contra de **nuestros valores**. Nos vemos envueltos/as en relaciones tóxicas de las que no somos conscientes hasta que es tarde. Atiéndete, analiza lo que sucede a tu alrededor y valora de qué modo te afecta. El autoconocimiento es esencial como estrategia de afrontamiento.

2. Cuando llegues a casa con dolor de cabeza, tensado/a y con un profundo malestar, antes de recurrir a un fármaco permítete un tiempo para ti. Dos horas de descanso, de estar contigo mismo. Un instante de tiempo en "tu palacio de pensamientos", donde desconectarte de todo y ser tú mismo. Si esto alivia tu malestar físico, tal vez sea hora de hacer pequeños cambios en tu vida. Sabemos que no siempre es fácil encontrar **este tiempo para nosotros mismos**, pero ten en cuenta que poco a poco, te irás "perdiendo" si no asumes nuevas medidas.

3. No tengas miedo a expresar en voz alta aquello que te duele. Aquello que te molesta y que te afecta. Si guardas silencio y lo escondes, día a día esas inquietudes acabarán transformándose en un dolor físico. Acepta, expresa, busca ayuda, y emprende el proceso del cambio en busca de ese ansiado bienestar. Esa tranquilidad en el "alma", a la que todos tenemos derecho.

Capítulo 1

LOS MIEDOS

CONTROLAR LOS MIEDOS
ES LLEGAR A SER ADULTO

Para tener felicidad en la vida, y ser una luz que

por Jesús Alejandro Mena Gauna

ilumine a su familia y amigos, para desarrollar un negocio sólido y rentable, para tener un matrimonio feliz, para que encuentre a su pareja ideal, para que vivía tranquilo, para que se cure de sus nervios, quiero compartirle algo de lo que la providencia me enseñó. Quiero ofrecerle toda una reflexión, sobre **los miedos en los diferentes ciclos de la vida.**

Hoy les escribiré sobre las etapas de la vida y los miedos que en cada etapa tenemos, y como superarlos, vencerlos y sobrellevarlos. En realidad nadie tenemos enemigos externos, en realidad los que están afuera son maestros. Pero el maestro **más difícil de superar es el miedo interior.** Ese miedo interior que tenemos que aprender a conocerlo bien para que no nos engañe.

Hay ciclos de siete años en la vida de un ser humano, cambiamos cada siete años, un ciclo se completa y otro inicia, y todos los grandes cambios ocurren entre el final de un ciclo y el comienzo del siguiente ciclo.

Primero, a la edad de siete años el niño deja ya de ser un niño pequeño; comienza un mundo totalmente diferente. Hasta entonces era inocente. Ahora comienza a aprender las artimañas del mundo, la astucia, todas las decepciones, los juegos; comienza a aprender a fingir, comienza a llevar máscaras. La primera capa de falsedad comienza a rodearle.

A la edad de catorce años, el sexo, que nunca había sido un problema hasta entonces, aflora súbitamente en su ser y su mundo cambia, cambia completamente. Por primera vez empieza a interesarse por el sexo opuesto. Emerge una visión totalmente nueva y él comienza a soñar y a fantasear. Y así prosigue.

A la edad de veintiuno años nuevamente cambia, ahora son los juegos de poder, los juegos del ego, la ambición; ahora está dispuesto a entrar en algún juego de poder, a conseguir más dinero, a hacerse más famoso, a esto y a lo otro. Eso son los veintiún años. Nuevamente se ha completado un ciclo.

A los veintiocho, nuevamente se asienta, comienza a pensar en la seguridad, en el confort, en el saldo bancario. Por eso tienen razón los hippies cuando dicen: «No confíes en nadie de más de treinta años». De hecho, deberían decir veintiocho, porque es entonces cuando una persona se vuelve formal.

A la edad de treinta y cinco años nuevamente comienza a ocurrir un cambio, porque a los treinta y cinco uno está casi en la cumbre de la vida. Si un hombre va a morirse a los setenta, que es lo normal, entonces los treinta y cinco parecen ser la cumbre. El ciclo mayor ha llegado a mitad de camino y el hombre empieza a pensar en la muerte, comienza a tener miedo. El temor aflora. Esta es la edad, entre los treinta y cinco y los cuarenta y dos, es en la que sube la tensión sanguínea y ocurren las úlceras, los ataques al corazón y todo tipo de cosas, debido al miedo. El miedo crea todas estas cosas: el cáncer, la tuberculosis, etc. etc. Un hombre se hace propenso a todo tipo de accidentes porque el temor ha entrado en su ser. Ahora la muerte parece acercarse, él dio el primer paso hacia la muerte el día que sobrepasó los treinta y cinco.

A la edad de cuarenta y dos una persona comienza a ser religiosa. Ahora la muerte no es algo meramente intelectual; él está más y más alerta ante ella y quiere hacer algo, realmente hacer algo, porque si espera más será demasiado tarde. A los cuarenta y dos años una persona necesita alguna religión, al igual que a los catorce necesitó una mujer o ella necesitó un hombre con quien relacionarse, la relación sexual era necesaria. Exactamente lo mismo ocurre a los cuarenta y dos años ahora se necesita una relación religiosa. Uno necesita un Dios, un maestro, algo a lo que rendirse, algún lugar adonde ir y descargarse.

A la edad de cuarenta y nueve años una persona se asienta al respecto de la religión. La búsqueda ha concluido y la persona se asienta.

A la edad de cincuenta y seis, si las cosas van

naturalmente y la persona sigue su propio ritmo, comenzará a obtener nuevos vislumbres de lo divino.

A la edad de sesenta y tres, si todo va de modo natural, tendrá su primer satori. (Satori es el momento en que se descubre de forma clara que solo existe el presente -donde nace el pasado y el futuro-, creándose y disolviéndose en el mismo instante; con lo que la experiencia aclara que el tiempo es solo un concepto, que el pasado y el futuro son una ilusión al igual que todo el mundo físico. Satori es un momento de comprensión al nivel más alto, es ir más allá de la experiencia terrenal. Esta experiencia solo se da en niveles elevados de conciencia, comunes en los meditadores pero al alcance de cualquier persona). Y si esto ocurre a la edad de sesenta y tres, si ha tenido su primer satori, morirá de una hermosa muerte a la edad de setenta. Entonces la muerte no será una muerte: será una puerta a lo divino, será un encuentro con el amado.

Trabajar en nuestros miedos nos permite crecer. Por eso en cualquier actividad y sobre todo cuando uno quiere ser líder en su propia vida y ayudar a crear el liderazgo en los otros, lo que más tenemos que combatir, es el miedo.

Me puse a estudiar las culturas antiguas, y cuando trataba de encontrar la conciencia colectiva del planeta, entre los grandes temas sobre la condición humana, me sorprendía encontrarme recurrentemente con el tema de el miedo. Y me di cuenta que este tema del miedo, está en la base de todas las culturas, porque toda la iniciación que tiene que ver con el crecimiento personal, o en el paso de una edad a otra, en todas las culturas el tema del miedo es capital.

En realidad trabajar en manejar los propios miedos es lograr llegar a ser una persona madura y adulta. La madurez y el crecimiento personal llega con el trabajo de nuestros propios miedos.

Y justamente si me remito a oriente, es increíble ver como en toda la cultura de oriente, todas las artes marciales, todas las filosofías profundas de oriente, tiene que ver con todo esto, no se trata de combatir al otro, las artes marciales no se trata de trabajar con el otro, en realidad la persona tiene que ir gobernando sus propios miedos, y en la medida en que mantiene su centro interior y no deja que lo exterior le gane, esa persona va madurando, y llegando a ser un guerrero espiritual. La idea del guerrero espiritual en oriente es una meta a alcanzar en la calidad de vida de uno mismo trabajando sus propios miedos.

Pongan atención a la siguiente frase:

"Los miedos son a la vida, lo que el viento es al fuego"

En todas las culturas del planeta, en realidad podría caber esta frase "Los miedos son a la vida, lo que el viento es al fuego" es decir, si la persona esta consistente o no esta consistente, los miedos van a obrar en ella de acuerdo a una situación o la otra.

Miren esto. Cuando el fuego esta consistente, el viento hace que tenga más luz y calor, en cambio cuando el fuego es inconsistente el viento lo apaga. En la vida de una persona, cuando una persona va adquiriendo consistencia interior, cuando tiene cada vez más claridad de sí mismo, de quien es, para que esta en la vida y a donde va, cuando uno tiene más claridad interior y tiene más consistencia personal, las situaciones que nos ocasionan miedo, en vez de derivarnos, son pruebas para probar la consistencia.

Uno madura y crece cuando vence sus propios miedos. En cambio cuando la persona no tiene consistencia, las situaciones de miedo lo agotan, lo achican, lo cierran. **Y Para crecer y prosperar en tu negocio, en tu matrimonio, en tu vida, en tu relación, en tu trabajo,** eso dependerá de la capacidad de afrentar esos miedos, para decir "si", a aquello que nos hace crecer, y decir "no", a aquello que nos puede achicar. **El miedo siempre dice tapa y calla. El amor, la búsqueda del bien, el desarrollo personal, siempre dice abre y habla.**

Nuestra lucha es con la seudoseguridad que da el miedo, esa frase popular que dice **"Más vale malo y conocido, que bueno por conocer",** ha hecho que mucha gente no progrese por eso, porque se queda en lo malo y conocido y lo bueno por conocer siempre es un riesgo. En realidad como en esto, como en todos los órdenes de la vida, lo que permite que crezcamos, es saber enfrentar el miedo.

Volviendo al fuego, si lo miro a fondo entonces, el problema no está en el viento, está en la consistencia del fuego. Entonces no me tengo que quejar de las situaciones que me ocasionan miedo, no sirve, lo que tengo que tratar de ver, es hasta donde tengo una claridad y una consistencia interior.

Dios quiera que lo que aquí expreso ahora abone a esa claridad y a esa consistencia interior tuya.

Existe una frase popular que es bueno recordar y que dice:

"Si pierdes, no pierdas la lección"

Capítulo 1 Los Miedos

En la tarea de crecer, la posibilidad de perder existe. Pero fíjense que bonita esta frase: "Si pierdes, no pierdas la lección". En la vida como en cualquier cosa, las situaciones que puedan ser de pérdida, son ocasión de aprendizaje. "Si pierdes, no pierdas la lección".

Nadie puede ser mejor profesional, mejor empresario, mejor empleado, mejor padre o madre, mejor amante, mejor hermano o hermana, que lo que es como persona. Por eso quiero aportarles algo a lo que es nuestra vida personal. Y si toda vez que como personas somos mejores, aquello que hacemos lo hacemos mejor. Cuanto mejores somos, mejor damos y por eso si **trabajamos nuestros conceptos fundamentales de la vida,** es para crecer interiormente, tener más consistencia, vencer los miedos, crecer y progresar.

Recuerden conmigo esta frase que espero que les irradie también.

"La experiencia no es lo que le pasa a una persona, es lo que una persona hace con lo que le pasa". No me cuentes que te pasó, cuéntame que hiciste con eso que te paso. No me hagas un noticiero de tu vida, cuéntame que aprendiste, que sacaste, que te enseño Dios a través de esa situación, o que la vida te quiso mostrar a través de esa situación agradable o desagradable.

El arte de vivir es aprender permanentemente, a sacar de las situaciones lo que nos enseña a crecer. Quiero plantearles todo lo que son los ciclos de la vida y van a ver como la idea del guerrero de oriente, donde la persona vence sus propios miedos, también esta en la concepción de occidente.

Continuamos con San Jorge Venciendo al Dragón

iconografía San Jorge Venciendo al Dragón

En la cristiandad hay un santo llamado **San Jorge,** que en la historia de este santo hay algo que tiene que ver con toda la concepción de oriente. Aquí les presento una de las imágenes más conocidas de dicho santo.

San Jorge en la tradición cristiana, esta montado arriba de un caballo blanco y tiene sometido a un dragón. Para la tradición cristiana sostener en la santidad un santo así no era fácil, porque los dragones no existen en teoría. Pero en realidad San Jorge representa lo que digo de oriente. En la tradición Bizantina, San Jorge representa a todo ser humano, que con una conciencia limpia que representa el caballo blanco, tiene sometido al dragón que representa el miedo.

Capítulo 1 Los Miedos

En occidente el dragón simboliza el miedo. Y por eso fíjense que importante la idea de que no esta muerto el dragón sino que esta sometido, indica que **el miedo es algo constitutivo de la vida humana**, o sea, **el arte de vivir no es no tener miedo, sino saber reconocerlo y someterlo.**

"Si mi libertad, mis decisiones y mis elecciones están sometidas por el miedo, no crezco, ni maduro, en cambio cuando yo gobierno mis miedos, entonces voy a crecer bien".

El dragón sometido por San Jorge es algo arquetípico para todos nosotros, nosotros debemos someter nuestros miedos, reconociéndolos, no tapándolos, no escondiéndolos. Y fíjese que atrás de la escena, aparece una doncella y un castillo, porque en realidad no puedo llegar amar plenamente, no puedo llegar amar incondicionalmente, si no aprendo a gobernar mis miedos. Si yo por miedo no digo lo que tengo que decir, o no hago lo que tengo que hacer, si por miedo a que me deje, a que se vaya, a que pase esto o lo otro, no puedo decirle lo que llevo dentro de mi, entonces nunca voy a poder amar plenamente. El amor implica el reconocimiento de los miedos y no dejar que me gobiernen. Ninguna convivencia es sana y profunda, si yo por miedo dejo de decir o hacer lo que mi corazón me dice. Por eso el trabajo de los miedos hace la calidad del amor.

Entonces en la vida privada, en la familia o en

cualquier actividad, la convivencia será más sana cuando yo puedo decir lo que siento, cuando puedo decir lo que pienso y puedo expresarme sin miedos. Si me callo, si me cierro, ese amor se va ladeando, se va secando, la calidad de una convivencia es exactamente proporcional a que pueda decir aquello que me pasa. Cuando no puedo decir lo que me pasa, esa convivencia se enferma.

Ahora veamos que la doncella significa esto que acabo de decirles el amor, y el castillo que esta al fondo lo que simboliza es un tesoro, en la tradición antigua los castillos era el lugar donde estaba el tesoro, arquetípicamente la idea es que una persona que conquistaba un castillo, conquistaba un tesoro, el tesoro de lo que se habla aquí es el tesoro de la sabiduría, no es un tesoro cuantitativo, sino cualitativo, entonces que quiere decir esto, es que si yo no aprendo a gobernar mis miedos, no puedo llegar a la sabiduría, no puedo llegar a ser sabio. La palabra sabiduría significa tener conocimiento, y con ese conocimiento saber saborear la vida, la persona sabia es aquella que aprendió a saborear la vida, y por lo tanto no puedo saborear ni disfrutar la vida si esta atrapado por sus miedos. En el trabajo interior en la medida en que venzo mis miedos, puedo disfrutar de la vida. Entonces para lograr un amor incondicional sano, para alcanzar una sabiduría profunda, tengo que saber reconocer y vencer mis miedos.

En el texto de génesis en el segundo capítulo, cuando

Dios crea al hombre y a la mujer, ellos estaban, según el lenguaje místico que tiene la biblia, estaban en un jardín, y por supuesto allí dice la tradición que estaban desnudos, y todos siempre creemos por la iconografía popular que estaban sin ropa tapados con una hoja de parra; pero no es así. El Cábala que es el estudio místico de la Biblia, enseña que la palabra "desnudo" no significa en ese caso sin ropa; significa "sin nudos". Significa que la condición paradisiaca de la condición humana es vivir sin nudos, es ser transparente, el paraíso en realidad es un estado en el cual uno vive cuando uno es transparente con el otro, por lo tanto el paraíso no está ni atrás ni adelante, está aquí, yo elijo el paraíso cuando elijo la transparencia.

Y qué pasó cuando el ser humano empezó a mal usar la libertad, dice la biblia se tapó porque le dio vergüenza se empezó a tapar, y cuando apareció Dios en el lenguaje, místico, dice se escondió, porque le dio vergüenza; eso es propio de la condición humana, tapamos nuestras debilidades, tapamos lo que no nos gusta, escondemos los miedos.

Y no falta el que dice: No, yo no tengo miedo a nada. Porque nosotros como varones decir que tengo miedo es ser débil. Sin embargo reconocer y decir que tienes miedo eso es ser hombre, un gran ser humano, y decir tengo miedo y estos son mis miedos más hombre todavía es la persona que lo dice.

Muchos tapan los miedos por vergüenza, se

esconden ante Dios, muchas personas se alejan de la fe por la vergüenza que les da no poder superar sus miedos, no pueden superar sus propias debilidades, y a veces se llenan de justificaciones contra la institución, pero no, en el fondo es que les da vergüenza ponerse cara a cara con Dios, y cuando no pueden superar eso, la vergüenza los aleja.

Entonces seamos honestos, en la condición humana tapamos lo que no nos gusta que vean de nosotros, y entre los varones repito, el tema del miedo hace que tapemos cosas y nos creamos machos porque no tenemos miedo a nada.

Es patético que todas las culturas antiguas han enseñado sobre la condición humana, bendigo a la mujer, a las mujeres que tiene mas habilidad de darse cuenta qué hablar de sus miedos es lo más sano que hay, porque al ponerlos fuera puede empezar a conquistarlos. El paraíso está aquí, en lo que yo haga, por eso vivir desnudos es ser transparentes, principalmente con uno mismo no mentirse, no justificarse.

 **¿Que sucede si tomas tu vida en tus manos? Algo terrible, ya no hay nadie a quien culpar.**

No culpemos a la serpiente, dejemos de culpar a

alguien, que Adán deje de culpar a Eva, no culpemos a nadie. Hazte cargo, reconoce tus miedos, superarlos, o pide ayuda, pero no te justifiques.

Si Justifica tus limitaciones, siempre las tendrás.

Cuidado los papás, si justifican las limitaciones de sus hijos, ellos siempre las tendrán. Háganse cargo entonces de la desnudez de que estoy hablando, es una actitud de transparencia en la qué conozco mis miedos, que los puedo tener enfrente y afrontarlos, o pedir ayuda si necesito, y ser un hombre, eso es ser un ser humano con las la sabiduría del arte de saborear la vida. El arte de disfrutar la vida depende de que yo gobierne mis miedos y no que me achiquen, y que diga lo conveniente, y no solamente diga lo políticamente correcto. Basta de decir lo políticamente correcto, basta de decir solo cosas para quedar bien, mejor no digas nada, o di lo que tienes que decir, pero no digas las tonterías que estás diciendo por quedar bien. Algunos dicen: Yo digo eso para que el otro no se sienta mal, para que esto, para lo otro. Eso es terrible, patético, toda una conducta inmadura, oh hablas o te callas, pero no digas tonterías. Decir lo que piensa es conquistarse a si mismo, y es trabajar con sus miedos.

Cuando se apaga el sentimiento

**Empieza el acostumbramiento
Cuando se apaga el acostumbramiento
Empieza el resentimiento.**

Si algo hay que encarar encarémoslo. Encaremos toda actitud de inmadurez profunda, ya sea en la vida personal, en la vida familiar y laboral.

Ahora entendemos el icono de San Jorge, el amor y la sabiduría se conquistan cuando uno es libre internamente, cuando uno puede decir lo que piensa y siente, por haber dominado el miedo. Y no digo que se haya quitado el miedo, sino que ahí esta, pero lo tengo sometido, dominado, ya no me detiene para decir lo que pienso.

 **"El otro hace, no me hace"**

La gran libertad de un ser humano es cuando la persona realmente desde su propia interioridad libre sin miedos puede decir esta frase: "El otro hace, no me hace".

El otro es un tonto que está actuando así mal en mi contra, porque está hormonalmente alterado. A mi no me afecta en nada, a mí nadie me hacen nada. Si yo digo que me hace, es porque yo creo que me hace. Yo tengo que ser libre. ¿Cuál es el miedo? ¿Porque me está ofendiendo? a mí nada me ofende si el otro actúa mal. Nadie me agrede, el otro está agrediendo, pobrecito está alterado. Cuando tu hijo te grita, eso significa simplemente que tienes un hijo que esta hormonalmente alterado, y punto. Tu podrás decir: Es que me está gritando no me lo merezco. ¿A qué tienes miedo? podrás decir: no pero es que soy su madre o soy su padre, no me debe de gritar así. No nada de eso, simplemente tienes un hijo hormonalmente alterado, que tienes que ver como le ayudas porque anda el pobrecito muy mal. Me está gritando. No te está gritando a ti. Nadie te hace nada, tú mismo sientes que te lo hacen, todo lo que sientes es miedo a que el otro tenga poder sobre ti, el otro no puede hacer nada si tú estás libre.

Si nosotros no gobernamos nuestros miedos, vamos a estar atados a lo que otro hace, a lo que me diga. No tengas miedo a nada de lo que el otro haga. Que haga lo que se le antoje, si habla mal de ti, es su problema. Cuando esto te pase acuérdate siempre, de la frase que dice; Lo que Juan dice de Pedro, habla más de Juan que de Pedro.

Lo que Juan dice de Pedro, habla más mal de Juan que de Pedro.

Si Juan habla mal de Pedro, habla más mal de él; de que es una persona que no sabe lo que hace, que es irrespetuoso, que es grosero porque habla de otros cuando no están presentes. Esa es una falta de ética básica, no se debe hablar mal de alguien que no esté presente. Y cuidado, no lo hagamos delante de nuestros hijos porque enseñamos lo que sabemos pero contagiamos lo que vivimos.

Miren que frase tan importante:

Enseñamos lo que sabemos pero contagiamos lo que vivimos.

No contagies a tus hijos de malos modales. Si te escuchan hablando mal de los demás. Diles: En casa no se habla mal de alguien que no está presente. Dilo explícitamente. Todos los problemas vinculares familiares se basan en esto, en no tener la capacidad de hablar con la persona qué tengo que hablar. Tu dirás: No, es que si hablo con ella vamos a tener un problema, para que no haya conflicto mejor no le digo nada, pero lo sigues diciendo por todos lados. Y eso pasa en el trabajo también. Dile lo que tienes que decir, no lo escondas, no lo tapes, y lo peor, no lo hables con quién no lo tienes porque hablar. Porque entonces estás hablando mal de él. ¿Porque le tienes envidia? ¿Por no ser como él? ¿Porque hablas mal de ella? ¿Porque si se lo dices a ella se va ofender? mejor se lo digo a alguien donde yo me descargué. Cuanto de eso existe en la convivencia humana, eso es miedo a enfrentar las cosas.

El miedo es constitutivo de la condición humana, lograr vencerlo no es que no tengamos miedo, si no que lo tengamos bien claro, que no lo tapemos, que no lo escondamos como adán y Eva, y que aprendamos a volver al paraíso que es la transparencia. Que bonito es un hogar en donde podemos hablar todos de todo.

Dile a tus hijos que siempre te digan todo con transparencia, aunque te vaya a molestar no importa, ya buscaras la solución, porque si no hay transparencia y si no te lo dicen por miedo de ellos, o tú no quieres que te lo digan por miedo tuyo, entonces estás tapando algo, estás dejando algo escondido. Estás dejando un secreto.

Capítulo 2

LOS 5 MIEDOS = Los 5 Dragones

De acuerdo al estudio comparativo de las culturas de oriente y de occidente, existen **cinco dragones** en la vida del ser humano, cinco dragones con los que tenemos que encontrarnos, cinco miedos básicos, que vamos a tener que enfrentar en distintos momentos de la vida.

Si uno va por oriente u occidente, revisando todas las culturas, descubre que en todas ellas el ser humano en las culturas antiguas seguía ciclos de siete años, la idea de que el ser humano sigue ciclos de siete años, no

por Jesús Alejandro Mena Gauna

es un tema de una cultura, es un tema de todas las culturas, quiere decir que todo ser humano cada siete años entra en una crisis. Atención, cada siete años el ser humano entra en un estado de revisión personal, la palabra crisis con "K", viene del verbo "krino", que en griego significa decidir, crisis significa momento de decisión, quiere decir que la vida, o la providencia en la vida, cada siete años, nos lleva a revisarnos, a evaluar como están nuestros ideales, nuestros valores, nuestras opciones, como estamos gobernando nuestros miedos o no lo estamos haciendo, es como que la vida esta interesada en que nosotros hagamos las cosas bien cualitativamente, entonces si es así, entonces fijémonos en que cada siete años tenemos la oportunidad de cambiar lo que podemos cambiar.

En la siguiente gráfica en forma resumida te presento los miedos que tenemos en diferentes ciclos de nuestra vida, y como estos se vuelven a repetir en la segunda etapa de nuestra vida que inicia a los 42 años. Así mismo te muestro cual es la actitud que debemos tener para dominarlo, el elemento natural que nos beneficia en esa edad, el nivel de conciencia y el gusto.

Lo anterior nos muestra que la vida humana se puede ir mostrando a través de ciclos de siete años, la idea de que la vida humana sigue ciclos de siete años es arquetípica, está en todas las culturas, la ciencia hoy en día a través de los estudios endocrinológicos y estudios que tienen que ver con la biología, han descubierto que el ser humano cada siete años cambia todas sus células, y aparte hace una transformación hormonal, entonces lo que decían las culturas antiguas, la ciencia hoy lo confirma, que el ser humano atraviesa aparentemente ciclos de siete años. Y estos empiezan desde el nacimiento.

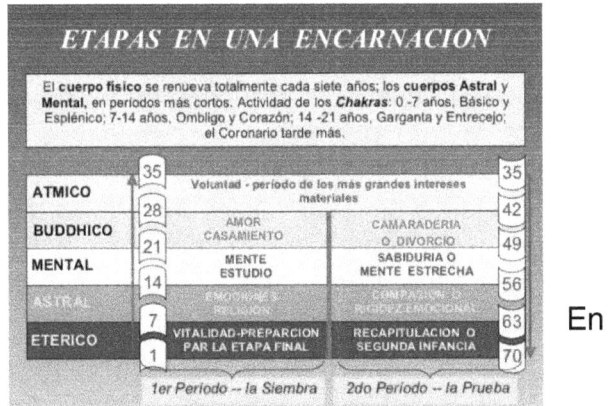

Los miedos y la etapas de la vida

EDAD	MIEDO	ACTITUD ADECUADA	ELEMENTO	NIVEL DE CONCIENCIA	SENTIDO
0-7 63-70	LA DISTANCIA	LA PRESENCIA	AGUA	EL YO	GUSTO
7-14 56-63	CERCANÍA	AUTONOMÍA	FUEGO	SOCIAL	VISTA
14-21 49-56	CAMBIO	SEGURIDAD	AIRE	EXISTENCIAL	TACTO
21-28 42-49	CONTINUIDAD	CREATIVIDAD	TIERRA	TRANSPERSONAL	OLFATO
28-42 70-84	PERDER	NO HAY QUE TENER, HAY QUE SER	LUZ/SOL	UNIDAD	OÍDO

En el matrimonio y en las organizaciones humanas se siguen

ciclos de siete años, la comezón de los siete años que decían las abuelas es cierta, cada siete años el matrimonio entra en crisis, cada siete años la persona entra en crisis, es un momento de decisión, quiere decir que cada siete años la vida me invita a que revise mis decisiones y me dé cuenta si mis decisiones están en orden, y si son la mejor versión. La vida me está invitando a eso, en el fondo los que somos creyentes podemos decir que Dios detrás de la vida, me está invitando a que no pierda mi vida, que no la malgaste, que no vaya por un camino equivocado, a que realmente llegue al éxito.

Hasta en la Biblia se habla en múltiples ocasiones de los ciclos de 7 años, por ejemplo en el libro del Génesis 41:27 nos dice que siete años representados por siete vacas flacas, y siete años de hambruna representados por siete espigas quemadas.

Entonces cada siete años el ser humano entra en crisis y en esa crisis a veces como no tenemos conciencia de lo que nos pasa, lo percibimos como un momento de evolución, no estoy a gusto con lo que tengo, no me siento bien con esto, me siento mal con lo otro, me siento mal con aquello, empiezo a sentir una serie de situaciones que no sé cómo transmitirlas, a veces pienso que es un problema de la edad, a veces pienso que del sexo, y no nos damos cuenta que atrás de todo esto hay un factor común, que es el ciclo de los siete años, cuando todas tus energías empiezan a moverse.

Los 12 ciclos de 7 años cada uno

Cuando uno estudia las culturas antiguas, hay como una clave fundamental del ser humano que sigue doce ciclos de siete años, que suman un total de 84 años. Para las culturas antiguas el número 12 significa "La Manifestación". En el mundo antiguo los números no sólo significaban cantidades, sino cualidades, el número 12 significa "la manifestación", por eso Jesús tuvo 12 apóstoles, Buda tuvo 12 discípulos, hay 12 signos del zodíaco, la Virgen tiene 12 estrellas en su manto. El 12 es lo que se manifiesta.

Concluyendo: 12 ciclos de siete años arquetípicamente es la vida de la condición humana. Por supuesto en las culturas antiguas el ser humano vivía muchos años más, porque tenía medicina natural, tenía comida sana etc. etc.

A partir de los 84 años las personas pasaban a pertenecer al consejo de ancianos, que era el órgano de consulta más importante de la comunidad de las tribus indígenas, y esos hombres y mujeres lo único que hacían era jugar con los niños y les contaban cuentos, pero cuando llegaba el momento clave, se les llamaba para consultarles sobre las grandes decisiones.

Hay una canción de Serrat que dice así: "de vez en cuando la vida toma conmigo café, y esta tan bonita que da gusto verla, se suelta el pelo y me invita a subir con ella a escena, cada siete años la vida me pone en escena para que me miren, para que vea como estoy y que tengo que volver a cambiar, o aceptar".

En las culturas antiguas cuando el ser humano llegaba a ese séptimo año, lo separaban de la comunidad, se le invitaba a que se fuera de retiro y que hiciera toda una experiencia de revisión. Hoy en día nada de eso sucede, si alguno llega al séptimo año de los periodos, dicen está algo raro, algo le pasa, seguramente que tiene algún problema, algo debe estar haciendo mal, y empezamos a buscar culpables y razones que no tienen nada que ver, simplemente es que la vida le está pidiendo que se revise.

Entonces la idea de los ciclos de siete años en la vida, pasa a ser esencial. ¿Y que tengo que volver a cambiar o aceptar?

Las culturas antiguas hablaban de doce ciclos de 7 años, esos doce ciclos de 7 años significaban todo un desarrollo del ser humano. Doce por siete, ochenta y cuatro años, quiere decir que en el período de 84 años, ellos enmarcaban las etapas de la vida.

El momento cumbre de la vida de un ser humano es a los 42 años, es el momento mas critico en la vida de un ser humano hombre o mujer. En ese momento la persona redefine todo, digamos que **son dos etapas de la vida, la primera es hasta los 42 años y la segunda etapa de los 42 años a los 84**. Por eso el momento de

Capítulo 2 Los 5 Dragones

los 42 años es central, medular. Lo pueden ver bien en la siguiente imagen que es la cruz chacana, es una cruz andina.

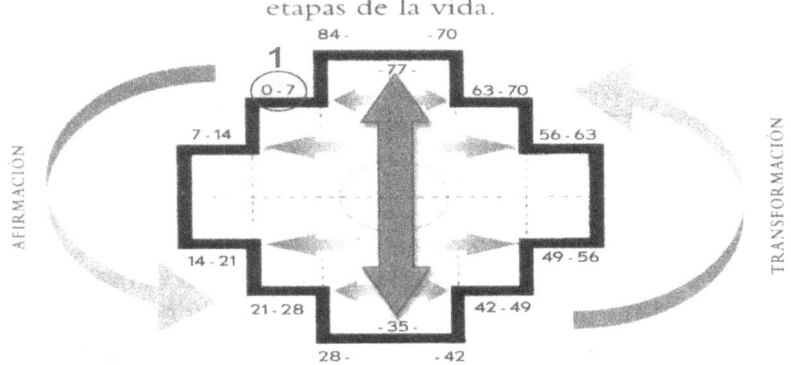

Te invito a que te subas a este viaje que voy a empezar, para entender el secreto de los ciclos de siete años en la vida. Y te enteres de que en cada periodo de siete años hay un miedo constitutivo, que está detrás de escena. Revisa tu vida y date cuenta que a veces muchas decisiones no las tomamos conscientemente, las hemos hecho a partir de ese miedo que está detrás o en el interior de nosotros.

Los cinco dragones en la vida los vamos a tener hasta los 42 años, es decir en los primeros cinco ciclos de 7 años. digamos que esa es la primera etapa de la vida. Después de los 42 años entramos en una segunda etapa de otros cinco ciclos de 7 años en donde transformaremos esos mismo miedos anteriores, llegando a los 70 años comúnmente siendo abuelos y con los mismos miedos hasta los 84 años, y así se cumplen los 12 ciclos de 7 años.

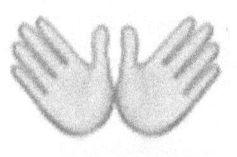

Ejemplifiquemos los ciclos de siete años con los dedos de las manos.

Mostrando las palmas de las manos indicaremos los ciclos de siete años en la vida. Con el dedo meñique de la mano derecha, contaremos el ciclo de 0 a 7 años, y así sucesivamente llegaremos al dedo pulgar de la misma mano que será el ciclo de 35 a 42 años, representando ésta mano la primera etapa de la vida. La segunda etapa de la vida inicia a con el ciclo de 42 a 49 años, que será representado por el dedo pulgar de la mano izquierda, quedando los dedos pulgares tocándose, formando así un abanico con ambas manos. Esto representa la vida de un ser humano, hasta los 42 años es una etapa y desde los 42 años en adelante es otra etapa formando así con ambas manos un abanico.

Ahora si cerramos el abanico formado por ambas manos, juntaremos las manos como si fuéramos a orar y observaremos que los niños hasta los siete años quedan indicados en el dedo meñique de la mano derecha, y los abuelos de los 70 a los 84 años quedan indicados con el dedo meñique de la mano izquierda, los abuelos y los nietos quedan juntos. Es por eso que los abuelos y sus nietos tienen una tremenda afinidad, tienen los mismos miedos, inconscientemente los abuelos están teniendo el mismo miedo que sus nietos. Por eso en las tribus antiguas siempre los abuelos pasearon con los niños, en realidad eran las abuelas y los abuelos los que formaban a los niños, y sobretodo hasta los siete años, porque eran los períodos donde los mismos miedos están presentándose parar los nietos y para los abuelos.

Abuelos Nutritivos y Abuelos Tóxicos.

El problema es que hay abuelos nutritivos y abuelos tóxicos, cuidado con eso, ojalá que todo abuelo sea un buen ejemplo a seguir, que sea quien les contagian a los niños las grandezas del ser humano, y no las miserias de un ser humano.

Entonces en la vida siguiendo esta idea de pensamiento hay dos tipos de personas, **los que duran y los que maduran.** Los que duran envejecen. Y los que maduran se hacen sabios. **El que dura se queja de todo y siempre tiene cara de indigestión. El que madura, siempre tiene una sonrisa, siempre tiene motivos para agradecer.**

Cuando tocas la puerta o el timbre en la casa de tus padres o tus abuelos fíjate cómo te reciben, con una cara de queja, o una cara de agradecimiento. Con una cara de indigestión, o con una sonrisa. Piénsalo. Si te reciben con una sonrisa, si te recibe una persona agradecida, ese va a ser un gran formador de tus hijos un gran abuelo, si no es así toma distancia, porque tienes un papá o un abuelo tóxico. Ojo. No dije que lo deseches, dije toma distancia, que quede claro. Esta sabiduría es muy clara por eso abuelos y nietos son tan afines.

La naturaleza tiene cuatro estaciones, la madre tierra tiene cuatro estaciones, cuando uno esta cerca de un septenio o en medio de ese periodo, que bueno sería que al cambio de cada estación, me retiré tres o cuatro días a la soledad, a encontrarme conmigo. La palabra Soledad es ponerle sol a la propiedad, la palabra soledad es una experiencia antigua de las culturas de retirarse a tratar de poner luz y claridad a su vida. Una persona madura es aquella que sabe retirarse a la soledad para encontrarse consigo mismo.

Ser solitario es estar en la ausencia de los otros, estar en soledad es estar en presencia de mi mismo.

Y nunca ser solitario es sano. Pero estar en

soledad indica gran madurez, llegado a los septenios, es bueno retirarse a la soledad. Y si uno hiciera buenos hábitos que bien seria, que bueno sería que todos los años hagamos esas escapadas al silencio de la soledad.

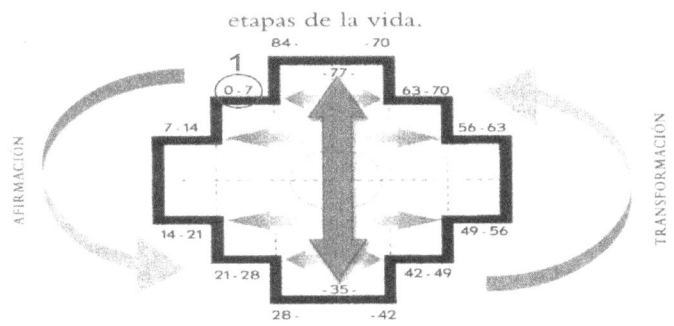

Volvamos a ver el **símbolo Chacala** que es el símbolo de la cruz andina. Observen el primer pedacito dice de cero a siete años, y esa edad corresponde de los 63 a los 70 años; de los 7 a los 14 años corresponde de 56 a 63 años, de 14 a 21 años de edad, corresponde al mismo dragón de los 49 a los 56 años; de 21 a 28 es el mismo dragón que aparece entre los 42 y 49 años; y de 28 a 42 años es el que tengo que enfrentar 14 años y lo voy a volver encontrar al final de mi vida entre los 70 y 84 y cuatro años.

Veamos el cuadro del símbolo Chacala que es una cruz Andina, y nos damos cuenta que la vida nos da una segunda alternativa para corregir lo que no hice en la primera.

Más aún será que en la primera parte si hice las cosas adecuadamente y pasó esta puerta, y haré la segunda etapa de mi vida mucho mejor. Pero si llego a la puerta de los 42 con vicios, con debilidades, con miedos tapados, apariencias, y será que si no superó lo que tengo que superar, será que si no hice nada, llegaré a la vejez como un abuelo tóxico. En las culturas antiguas les interesaba que en sus comunidades hubiera abuelos que representaran un faros y no lastres.

Comencemos con la primera etapa de la vida que es desde el nacimiento a los 42 años y la cuál dividiremos en siclos de 7 años, y en cada siclo enfrentaremos un dragón un miedo diferente.

Capítulo 3

EL MIEDO A LA DISTANCIA
Primer Dragón
Ciclo del nacimiento a los 7 años.

Miedo a la distancia. El primer miedo o primer dragón al que los niños tienen que enfrentar, aparece desde el nacimiento hasta los siete años y se llama el miedo a la distancia, bien se le puede llamar el miedo al abandono, o el miedo a que lo dejen. Y ese miedo lo

por Jesús Alejandro Mena Gauna

manifiestan los niños y las niñas normalmente cuando uno se va de casa, cuando uno sale de casa los chicos empiezan a llorar a veces a gritos, otros se meten porque reaccionan distinto, pero el miedo está, es el miedo a que no vuelvas más y que le pase algo si no estas. Uno diría porque les pasa eso, si siempre yo regreso.

En el momento de nacer nosotros, el ser humano siente que se muere, la separación del vientre de su madre es una sensación de muerte, eso queda gravado en la conciencia más profunda de ese ser. Entonces cada vez que la mamá, la abuela, esa persona afectiva se va, vuelve a sentir lo que sintió al momento de nacer, por eso hasta los siete años ese miedo es muy fuerte, y por supuesto toda perdida o todo alejamiento lo percibe como algo peligroso, y que quiere evitar.

Ese miedo se acentúa con la muerte de un ser querido, un abuelo, un familiar, o la muerte de una mascota, ese miedo que les brota, corresponde a los padres ayudarles a que lo resuelva bien, pero cuidado no es hablándoles del cielo, del mas allá, del cielo de los perritos, la ayuda es el **acompañamiento, la presencia,**

permitiéndoles llorar, y si vienen preguntas las respuestas deben de ser siempre devolviéndole la pregunta, por ejemplo; si el niño pregunta ¿Mamá donde esta el abuelo? la respuesta debería de ser y tu ¿Dónde crees que está? y si pregunta ¿Papá donde esta el perrito? y tu ¿Donde crees que esta? y si el duelo del niño es mucho, háganlo que dibuje a la persona, o al animalito y le hagan una cartita y la ofrezcan, ese gesto ayuda al duelo, no las teorías, sino el buen acompañamiento.

Cuidado, la separación de los Padres en caso de divorcio o separaciones matrimoniales, produce miedos en los chicos de esa edad, y les repercutirán posterior en su vida adulta, es necesario que no obstante la separación, continúen los padres en contacto directo con sus hijos. Por eso mucho cuidado como se ayuda al niño a entender separaciones.

Si pregunta por el abuelo que acaba de morir no se les ocurra dar respuestas o teorías tontas, por ejemplo, el abuelo esta aquí, allá, acá, esta aquí con nosotros, esta allá, atrás de ti, esta en todo lugar. NO eso NO, porque después el chico va a estar asustado, con el pánico de que aparezca el abuelo.

Hay que escucharlos a los niños para disolver sus miedos, no se trata de hacer una teoría del cielo, es mejor que ellos se puedan expresar y decir lo que sienten, y hacer el duelo que se tiene que hacer. A un perrito o a un gatito que se les murió, no se le remplaza con otro el día siguiente, tengo que ver que esta sintiendo, que le esta pasando, que interrogantes tiene. Tenemos que ayudarle a disolver ese miedo, principalmente con nuestra presencia, porque si no cuando sea adulto va a tener que disolverlo él mismo y va a reclamar presencia. Va a tener miedo al abandono si en algún momento no se le supo dar la atención adecuada.

Presencia cualitativa y cuantitativa. Es necesario estar más tiempo con los chicos a esa edad para disipar sus miedos, pero no solo estar a su lado sino atenderlos. Cuando el padre llega del trabajo, póngase a jugar con los niños, ya deje de atender llamadas de la oficina, ya deje de ver la televisión, ya deje de ver el periódico, deje a un lado el celular y dele calidad de compañía a su hijo. Y la madre aunque este todo el día hay quienes se la pasan con el celular en el Facebook, en el whatsapp, hablando con las amigas y muy poca atención le ponen al hijo y aunque están muchas horas a su lado, les falta darles más atención.

Celular No en la Mesa. Si estas con tu celular en la mesa mientras estas comiendo es una falta de respeto hacia los demás.

Celular No en el Trabajo. Algunas empresas en Europa han prohibido a sus empleados utilizar el teléfono celular en sus horas laborales, inclusive ni para hablar interiormente con algún director o jefe de la propia empresa. Consideran que utilizarlo es falta de respeto a la empresa porque se les paga por trabajar y no por estar viendo en internet sus cosas personales.

Es necesario dejar el celular a un lado para que demos presencia cualitativa.

La presencia es la actitud con que ayudamos a combatir el miedo a la distancia.

El agua es el elemento natural de esta etapa.

Ya sea por el recuerdo del liquido amniótico, por lo que fuera, es una etapa de mucho contacto con el agua y les es muy saludable. Por eso les encanta jugar con agua. El afecto al agua es porque en el contacto con el agua los niños sienten que los miedos se desparecen. Por eso tenemos que favorecerlos en todo lo que podamos a que estén en contacto con el agua. Y si uno ve documentales, verá que siempre los niños de las tribus están en los charcos en los ríos jugueteando con el agua.

Algo importante. Nuestros niños interiores en esta edad que tenemos ahora, todavía esto lo recuerdan, por eso nos hace tanto bien, darnos un baño cuando nos sentimos mal. Y una persona que se enferma psicológicamente, un síntoma es que deja de bañarse, empieza a desconectarse de ese elemento que lo ayuda, y por eso los adolecentes cuando están en la etapa más critica, no se bañan, no se asean, pero después se les pasa, porque cuando encuentran el gustito por el baño, batallas para sacarlos de la regadera.

Entonces el contacto con el agua es en esta etapa de la vida sanante y disolvente de los miedos.

Si vas con tus hijos al río a la alberca, y tus hijos te piden que te metas con ellos al agua, es muy importante que te metas a bañar con ellos, no les digas que al rato. el agua es el refugio de los niños a esa edad, les quita los miedos.

Hasta la fecha el niño interior que tenemos los adultos, se alegra cuando nos damos un baño, es por eso que después de un baño nos sentimos como nuevos. Es un asunto físico, es un tema energético. El contacto con el agua es sanante a nuestros niños interiores, por eso en las antiguas culturas existían baños públicos. Si tu te sientes algo desanimado, triste, deprimido, date un baño y verás como te animas, como te mejoras. El contacto con el agua quita los miedos a todas las edades, pero hasta los siete años esto es importantísimo.

Nivel de conciencia en esta etapa de la VIDA es "El Yo".

Algo fundamental, la conciencia del "yo", es el nivel de conciencia en esta etapa de la vida. Los chicos desde el nacimiento hasta los siete años van afianzando su "yo personal". Y para hacerlo necesitan de los adultos **límites claros y precisos**. En ninguna cultura antigua se les hubiera ocurrido lo contrario, ellos necesitan de nosotros para que les enseñemos lo que les hace bien y lo que no les hace bien. Porque ellos se sienten seguros cuando esto es claro. Cuando un padre o una madre no pone limites claros no lo ayuda a él a constituirse.

El chico que no tiene limites claros, va a robar o mentir, es la manera de expresar su insatisfacción en la vida, de esa manera llama la atención para que le pongan límites.

Firmeza. Hay que ser firmes con los niños. Porque **la firmeza es el nombre que toma el amor para ayudar al crecimiento.** Si yo digo que amo a mis hijos, debo de tener con ellos firmeza. Cuidado, al decir yo firmeza, que no suene a gritar, a castigar, a violencia, sino que la palabra firmeza, signifique: "esto es así y se acabó", no te vas a dormir sin lavarte los dientes, llora, grita, patalea, pero lavarte los dientes es un bien para ti y no te puedes ir a dormir sin lavarte los dientes. Que la mamá tenga firmeza y no se los lave ella al niño, si este puede hacerlo. No es bueno que los niños duerman en la cama de los padres, pueden hacerlo una que otra vez, pero no siempre.

No hay que dañar la conciencia de los niños, cuando uno de sus padres le da una orden, el otro debe de apoyarlo en el mismo sentido, no hay que contradecir a tu compañero o compañera delante del niño, si quieres después pueden discutir el tema a solas, pero no delante de los niños. Hay que tener firmeza ambos padres, porque si uno es demagogo y el otro un tirano, uno dice que no y el otro dice déjalo que no se lave por ejemplo los dientes, entonces el niño verá que para que uno diga que si y el otro que no, no ha de ser tan importante lavarse los dientes. (Demagogia = Práctica política consistente en ganarse con halagos el favor popular).

A los muchachos comúnmente se les oye decir: "La maestra dijo". Claro porque la maestra en la escuela les pone límites claros. Es la única etapa de la vida donde ellos necesitan límites y las norma valen por si mismas. Por ejemplo se le dice: Te lavas los dientes porque yo te digo y se acabó y listo. Todas las explicaciones que yo quiera darle para poner esa norma, a la larga puede significar inconsistencia en poner un límite. No significa que no se les explique a los niños el porque deben de hacer tal o cual cosa, pero si se les da demasiada explicación verán que no tengo consistencia en lo que digo, hay que decirles que así es y total. La firmeza y los límites son muy importantes en esta etapa de la vida. **Hay que poner límites y las normas claras, valen por si mismas, esto es así y se acabó.**

Hasta los siete años, el premio y castigo valen. Si como padre no tienes firmeza o no puedes ser firme, busca un terapeuta para que te ayude, porque **no se es pianista por comprar un piano, como no se es padre o madre por tener un hijo.** Una cosa es ser padre biológico, y otra cosa es ser un verdadero Padre.

El gusto. En las culturas de oriente se ayudaba a que un niño variara su alimentación. El sentido físico que hay que trabajar en esta etapa de la vida es el gusto. Un chico que hasta los siete años aprende a variar su alimentación, aprende que no todo lo que le agrada le hace bien, y que a veces algo que no le agrada es nutritivo, y tiene más consistencia para el futuro. Cuando solamente comen comida chatarra como salchichas, papitas fritas, dulces, ácidos, hamburguesas, hot dogs, después en la vida va a tener dificultades porque va siempre aferrarse a lo que le gusta, aunque no le beneficie.

Es muy importante ampliar la alimentación de los niños, no se trata de obligarlos, se trata de conquistar su paladar para que aprendan a disfrutar comiendo diferentes tipos de comida. Esto es algo que tiene que ver con la conciencia, no estoy hablando sobre proteínas y vitaminas, en la medida que un niño varía su alimentación esta más preparado para las siguientes etapas. Es un arte enseñar a los niños a comer variado.

Es muy importante tener a la mano la siguiente gráfica, para ubicarnos en los miedos en los diferentes ciclos y la relación con la segunda etapa de la vida que inicia a los 42 años.

Los miedos y la etapas de la vida

EDAD	MIEDO	ACTITUD ADECUADA	ELEMENTO	NIVEL DE CONCIENCIA	SENTIDO
0-7 63-70	LA DISTANCIA	LA PRESENCIA	AGUA	EL YO	GUSTO
7-14 56-63	CERCANÍA	AUTONOMÍA	FUEGO	SOCIAL	VISTA
14-21 49-56	CAMBIO	SEGURIDAD	AIRE	EXISTENCIAL	TACTO
21-28 42-49	CONTINUIDAD	CREATIVIDAD	TIERRA	TRANSPERSONAL	OLFATO
28-42 70-84	PERDER	NO HAY QUE TENER, HAY QUE SER	LUZ/SOL	UNIDAD	OÍDO

Capítulo 4

MIEDO A LA CERCANÍA
Segundo Dragón
Ciclo de 7 a 14 años.

El miedo a la cercanía es el miedo a que les hagan algo, miedo a los otros, el miedo a que me rechacen, a que no me quieran, a que no me elijan cuando voy a jugar, a que se burlen de mi porque soy más gordito, etc.

por Jesús Alejandro Mena Gauna

Y este miedo empieza en forma fantaseada, por eso hasta los siete años, los niños pueden dormir con la luz apagada, pero después de los siete años quieren que les prendas la luz porque necesitan sentir que algo hay que los protege. Y empiezan a fantasear, a ver monstruos, debajo de la cama o en el baño, o en cualquier lugar oscuro de la casa hay un monstruo que los espera, y luego asustados más por los programas que ven en la televisión que alimentan los miedos en esta etapa. Uno de los síntomas es que empiezan a orinarse en la cama debido al miedo.

Esta sensación que no la tenían y de repente empieza a pasarles, es el síntoma de que empieza aparecer dentro de ellos, éste segundo miedo que empieza a conquistarlos. y cada vez se hace más consistente.

Miedos a que el otro no me quiera, no me valore o no me reconozca. Y ese miedo al otro, ese miedo a la cercanía, va a requerir de nosotros adultos, que empecemos a darles a ellos autonomía. Ahí hay que empezar a empujarlos del nido. Lo que hay que hacer ahí de los siete a los catorce años, es ayudarlos a que ellos enfrenten las situaciones por si mismos. No ser nosotros los primeros que les resolvemos sus problemas, sino ayudarlos a que ellos lo hagan.

Y ese miedo a la cercanía puede agravarse si hay algunas situaciones en esa etapa de la vida. Por ejemplo, si alguien les roba su bicicleta, o los asaltan o ven un episodio de agresión a sus padres, los muchachos quedan muy marcados con eso. O cuando algún adulto toquetea genitalmente a un muchacho de esta edad, generalmente eso deja una huella muy dolorosa. Por eso si existen situaciones de este tipo en donde alguien le ha hecho daño a los muchachos de esta manera, tenemos que tener mucho cuidado de ayudarles a que expresen lo que sienten lo que les pasa y hasta buscarles ayuda profesional si es necesario. Porque lo que no se resuelva bien va a quedar un miedo metido adentro, y eso lo ve uno con personas adultas que todavía quedan marcadas con huellas de esa etapa de la vida, por no haber sido trabajadas adecuadamente.

Recuerden la película El Príncipe de las Mareas, en donde de pronto la situación de violencia y de violación se tapa todo y aquí no paso nada. La vida de los muchachos quedó destruida, porque no se supo poner afuera lo que había adentro, lo que había pasado.

Entonces la actitud adecuada es darles **autonomía** que tomen decisiones por si mismos. Y recuerden que la autonomía es el punto medio de la dependencia y la independencia. Dar autonomía es estar cerca y acompañarlos. No es irme ni tampoco estarlos cuidando en todo momento. Ayudarlo a que se anime ha hacer algo, indicándole que él o ella puede.

Elemento. El elemento en esta etapa de la vida es el fuego, por eso les encanta la pirotecnia, encender fogatas, tomar una lupa y encender cosas, prender el carbón para la carne azada, todo ese gusto por el fuego es porque naturalmente sienten necesidad de ese elemento. Y hay que favorecerlos, no digo que dentro de la casa porque si no hacen un incendio, pero afuera hay que hacerlo. El fuego, la fogata aviva sus fuerzas, hay que ayudarlos a que prendan el fuego.

En las culturas antiguas había fiestas con grandes fuegos, porque sabían que esa energía los chicos la absorbían perfectamente. En esta edad es muy buenos llevarlos de campamento, todos aquellos que han vivido en esa etapa de la vida con fogatas, paseos al campo y prender la fogata, lo recuerdan con mucho agrado. Las fogatas de los campamentos no son solo recreativas, sino realmente instructivas. Tengo experiencias inolvidables de cuando era chico y prendíamos esas fogatas. Hay como una expresión del ser y ese fuego toca lugares internos. Hay que reconocer el valor maravilloso de los campamentos para los chicos de esa edad.

El Nivel de conciencia en esa etapa de la viada es el nivel de conciencia social. Y empiezan a sentir dolor cuando ven a chicos de la calle abandonados o cuando alguien esta sufriendo, les nace espontáneamente la solidaridad. En el fondo a ellos les hace mucho bien ayudar a chicos necesitados, porque el otro entonces deja de ser un potencial enemigo, es alguien necesitado como yo, y cuando un niño ayuda a otro niño, al que le beneficia más es al que ayuda que al ayudado, porque él siente que de alguna manera el otro no es un enemigo.

Y por eso favorecer la solidaridad es sagrado para que ellos aprendan a valorar y entender al otro. No a temerle, no a alejarse. En esta etapa de la vida la palabra sagrada es dignidad.

Saludar. De los siete a catorce años tenemos que educarlos en la dignidad del otro, y por eso hay dos actitudes en que yo hago mucha mención, porque en las culturas antiguas era muy relevante el saludar y el agradecer.

Cuidado si hasta los siete años un niño o una niña no saluda o no agradece, puede ser por timidez, por vergüenza, por miedo, etcétera. Pero cuando un muchacho o muchacha de siete a catorce años no saluda y no da las gracias, es porque tiene padres tontos. Porque no han entendido el valor de la dignidad del otro, porque el otro no es una cosa, yo no saludo a una bicicleta, saludo a una persona, así es que si los padres no le enseñan el valor que tiene el saludar y el agradecer en esa etapa de la vida, ya cuando estén más grandes no se quejen de que son irrespetuosos, intolerantes y groseros, porque ustedes no le ayudaron a entender en la etapa correcta el valor de eso. saludar y agradecer es la clave para esa etapa de la vida.

Saludar es un acto de respeto y de dignidad, hay que enseñarlos. Que mal esta cuando el abuelo o la abuela llega a la casa toca la puerta y no bajan a abrirle los chicos, esperan que lo haga la empleada domestica, y luego la abuela los anda buscando en sus recamaras para saludar a sus nietos, que mal esta esto. si no los enseñas a mostrar respeto con el saludo, después no te quejes cuando estén grandes y sean groseros.

Saludar y dar gracias son hábitos que se aprenden a esta edad.

La Burla. Un muchacho de esa edad que se burla o que es burlado, se le hace daño. Y si los padres no hicieron nada por evitarlo son cómplices. La burla es una enfermedad de la conciencia y si una Maestra no sabe extirpar la burla de un grupo de alumnos, esa docente no es buena maestra aunque enseñe muy bien. Nosotros no podemos evitar la burla entre hermanos, pero cuidado, no hay que permitir la crueldad. Cuando la burla pasa a la crueldad, entonces hay que intervenir en la vida familiar.

Lo más dañino en esta edad es cuando los chicos ven que el padre o la madre se burla de su cónyuge, esto es veneno puro en la conciencia de los hijos.

Una sociedad es como se ríe. Que nuestro humor no pase a ser una ataque a la dignidad del otro, a burlarse del otro. Por eso desterrar la burla en esta etapa de la vida es un elemento clave.

Normas. Hasta los siete años la norma valía por si misma, ya en esta etapa de la vida **hay que demostrar que una norma se apoya en un valor.** hay que mostrarle que si yo le pido que haga esto, es por ésta razón, debo mostrarle ese valor que lo sustenta y eso es educativo. Al demostrarle el porqué, él empieza a tener conciencia de que las normas se apoyan en valores. Para formar su conciencia. Si pongo normas y no doy explicaciones no lo estoy ayudando. Hay que ser formadores de nuestros hijos. Hay niños más dóciles y otros más rebeldes, con uno podrás poner las normas más fácil con el otro batallarás un poco más. Si no puedes con los niños, busca un terapeuta.

Cuidado los abuelos o abuelas con la desautorización de lo que alguno de los padres le ordena al niño, porque entonces el niño verá que no es algo importante lo que dice su padre o madre, puesto que su abuelo dice lo contrario. en pocas palabras, abuelos mejor no se metan cuando alguno de los padres da ordenes al muchacho.

El sentido de ésta etapa de la vida es la vista. Nuestra tarea educativa es ayudarlos a que aprendan a ver la vida. Por eso es tan bueno compartir momentos con ellos viendo videos, películas, libros y al terminar preguntarles que les llamó la atención de lo que vieron. Hay que ayudarles a que revean lo que vieron, tengo que ayudarlos a que vean más adentro, esa es la tarea nuestra. En las culturas antiguas los padre o abuelos les enseñaban a los niños de esta etapa algo divino que es el nombre de las estrellas. Cuando los niños en esta etapa aprenden el nombre de las constelaciones, no lo olvidan jamás. Y lo van a decir siempre, papá, mamá o la abuela me enseño tal cosa.

Hay algo importante con el tema de la vista, hay una frase que es sagrada y que dice:

"Enseñamos lo que sabemos, pero contagiamos lo que vivimos".

Yo enseño a mis hijos la capacidad de asombro, si

yo no me asombro de nada, no puedo ayudar a ellos a que se asombren de la vida.

Si para mi un cielo estrellado no es más que puntitos en el cielo, así es la cosa. Ahora si yo sé las constelaciones, si sé que cada constelación es un mito, hay personajes, hay animales y esto y lo otro, un cielo nocturno es un mapa de ética, hay héroes y antihéroes, y yo puedo contarles de todos, hay que enseñarles contagiarles como uno ve la vida.

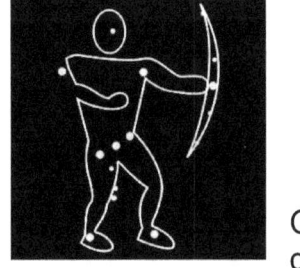

Guardemos esta frase que es dura pero es importante, sobre todo en los que tenemos la tarea de formar.

"La mayor influencia psicológica en la vida de los hijos, es la vida no vivida de los padres"

Cuando un padre o una madre perdió el entusiasmo por vivir, cuando no tiene ese sentimiento de agradecimiento a la vida, eso se lo contagia en la mirada a los hijos, cuando un adulto vive quejándose de todo siempre de mal humor, eso lo contagia a los hijos, les transmite lo feo que es ser adulto. Por eso hay que tener una actitud de agradecimiento. El la mirada de los padres, podemos darnos cuenta de cómo sus hijos están creciendo. Por eso los adultos debemos ser agradecidos con la vida, con Dios y sorprendernos con todo lo que vemos, para transmitirles ese sentimiento de agradecimiento a nuestros hijos.

Hay que enseñarlos a que ellos vean a como yo veo la vida, y si yo perdí la mirada espiritual de la vida, es mejor no hablar de eso, porque va a sonar impostado, a veces Dios o la vida nos da hijos para que aprendamos a revisar como es la vida en el ánimo de ayudarlos a ellos a vivir.

Si tienes una mirada material de la vida, eso les contagias a tus hijos. si tienes una mirada espiritual eso les contagias. Los muchachos en su libertad harán los que sea, pero que importante es que los padres o abuelos les enseñen a ver la profundidad de la vida, y no la superficialidad. Es tan importante la manera en que se enseña a los chicos a ver la vida.

Los miedos y la etapas de la vida

por Jesús Alejandro Mena Gauna

Capítulo 5

EL MIEDO AL CAMBIO
Tercer Dragón
Ciclo de 14 a 21 años

La tercera etapa es la etapa difícil. Hasta los 14 años de edad del muchacho, los padres somos para ellos divinos, preciosos; a partir de los 14 años somos viejos, tenemos arrugas, estamos calvos, somos gordos, no servimos para nada, no entendemos nada.

Por eso ¡atención! lo que no hacemos en una etapa no queramos hacerla en la que viene. Hasta ahí nos escuchaban y nos oían. Después de los 14 empieza el cambio hormonal y todo les molesta, hasta en ellos mismos están inconformes con su persona, porque les empiezan a salir espinillas, tienen mal olor, a salirles bello en diferentes partes del cuerpo, y para ellos es terrible.

Ahora ven a sus padres viejos, como extraños, es más no quisieran verlos. Antes de los 14 años los besabas, ahora los besan y les da asco y se limpian, es más no les gusta que los toques. Se están constituyendo como persona y necesitan tomar distancia afectiva y a veces efectiva para ser ellos mismos.

Cuando uno ve que esos seres divinos empiezan a constituirse en pequeños monstruos, es el momento en que están constituyéndose como personas; entonces ahora la actitud adecuada que debemos tener nosotros para con los chicos de esa edad, es darles seguridad. Cuidado porque la palabra seguridad es muy engañosa. Darles seguridad es decirles "Tu puedes contar conmigo ahora y siempre".

Hasta los 14 años los padres éramos los capitanes del barco, ya después de esa edad dejamos de ser capitanes del barco, y pasamos a ser faros, somos personas que debemos estar consistentes en nuestro lugar, para servirles de referentes a ellos, ellos se nutren de nuestra consistencia, para que nuestra consistencia les ayude a saber que les puede hacer bien o mal.

El arte de trabajar con adolescentes es esperarlos, y no estar sobre ellos todo el tiempo. No metiéndome en la vida de ellos involucrándome constantemente para saber que esta pasando en todo tiempo. Es como si un agrónomo estuviera revisando en todo tiempo la tierra para ver si la semilla crece. Ya sembraste, no puedes estar siempre encima, tienes que dejar que se haga el proceso necesario. Yo se que el verbo esperar para un padre o una madre en esta etapa de la vida es el más difícil.

El secreto esta entonces en que yo le transmita a él o ella, de que **puede contar conmigo** y que yo siempre estoy acá y que puede venir cuando me necesite. Si uno hace eso, no sabes lo bueno que es. Hay que esperar el día en que llega a hablar con uno, ese es el momento en que podemos abrirnos totalmente. Me decía una señora un día, que como su hija nunca le hace caso cuando ella le habla, que entonces el día que la hija vino a buscarla para hablar con ella, ella se negó, para que la hija sienta lo que le hace a la mamá. Le dije: señora se equivocó, ese era el momento que tenía para escucharla. Darles seguridad no significa sobreprotegerlos, significa estar en el momento que ellos nos necesitan y nos requieren.

Nuestros hijos no nos quieren perfectos, nos quieren coherentes. No quieren que nunca te equivoques, quieren que les enseñes a levantarse, y si usted no sabe levantarse como les va a enseñar a ellos a levantarse.

Los Padres deben de ser congruentes con lo que dicen y hacen, y no estarse quejando todo el tiempo porque eso es lo que transmiten a su hijo y sus hijos sabrán que no puede contar con sus padres, porque le si le cuentan algo el padre empezará a quejarse.

Lo mejor que los padres deben de hacer en esta etapa de la vida es dejar de ser capitanes del barco y ser faros. Ser un adulto feliz, no estarte quejando porque le estas enviando un mensaje a tu hijo de que no sea adulto porque será infeliz, mejor que siga siendo adolecente. Lo mejor que podemos hacer por nuestros hijos es cuidar nuestro cuerpo, mente, espíritu y palabras, sonreír y agradecer, de eso se alimenta también a los hijos , no de comida solamente.

Hay una frase que dice así:

"Lo importante no es si pierdes o si ganas, lo importante es que no pierdas las ganas"

El arte de no perder las ganas cuando todo el entorno me las hace perder.

¿Porque la adolescencia se prolonga?, porque los chicos no quieren ser adultos, si ser adulto es tener una cara de amargado y estar siempre quejándose y todo mal, aparte a los adultos les encanta ser adolecentes, entonces dice el chico, para que voy a ser adulto, me quedo como estoy.

Entonces lo importante es que aprendamos este arte maravillosos de esperarlos y darles seguridad como un faro, como un punto de referencia.

El elemento en esta etapa de la vida es el aire. Por eso todo lo que tenga que ver con la respiración, con el deporte, con el aire libre es sanante, aparte siempre están volando en esa etapa de la vida entonces es fácil. El aire es sano porque los abre no los sierra. la sociedad de consumo los mete en lugares cerrados con humo, eso es todo lo contrario.

El nivel de consciencia en esta etapa de la vida es el nivel existencial, es decir, los muchachos tienen que aprender en tener una actitud de critica positiva ante la vida. Y lo que uno puede percibir hoy, no es lo que fue en mi adolescencia. En mi adolescencia éramos arduamente críticos y hoy vemos una apatía colectiva, con pocas ganas de involucrarse en algo que sea público y social, porque han perdido credibilidad las instituciones, nos les es atractivo involucrarse y tener una actitud critica. Piensan ellos, ¿para que voy a criticar si todo es igual? Por eso es tan importante que despertemos una actitud de critica positiva de compromiso y de ver la realidad, eso sería lo importante preguntarse por el "porque", por el significado de la vida, y reflexionar y que los jóvenes tengan consistencia, del porque hago lo que hago.

El sentido físico en esta etapa de la vida es el tacto. En las culturas antiguas era la etapa preciosa para que los jóvenes aprendieran a trabajar con sus manos la artesanía, la cerámica, los telares, los utensilios, los instrumentos musicales.

Hay un dicho muy popular en Perú que dice así:

"El hombre que no sabe tocar una piedra, no va a saber tocar el cuerpo de una mujer"

Me decía un gran Maestro Espiritual del Perú. Nosotros enseñamos a nuestros jóvenes a que aprendan a tocar las cosas, a sentirlas, porque de esa manera se preparan para después para el dialogo del cuerpo entre hombre y mujer. Entonces es importante que tengan sensibilidad. A esta etapa de la vida es más importante que los jóvenes trabajen en cosas de la plástica, el trabajo con las manos.

Ojalá que todos los jóvenes no pasen por la vida sin aprender a tocar un instrumento musical, un instrumento musical no es solamente un objeto, es un arte que le ayuda a sentir la música y a palpar las cosas, y eso es darle algo para toda la vida, y la sensibilidad que eso crea, hace que después se pueda expresar físicamente.

Me decía ese Maestro que para medir la calidad de un matrimonio hay que ver el antes y después de ese momento del éxtasis físico. En la caricia, en la ternura previa y posterior ahí se nota que ese matrimonio se ama. En todo el juego de los afectos de las manos, hoy en día estamos aprendiendo tanto de oriente con todas las caricias, los masajes y demás. Es un tema muy serio saber tocarnos saber acariciarnos. Es el arte de amar.

Los adultos debemos ser consistentes, fundados en nuestros valores y debemos **defender ante nuestros hijo los valores, y no solo las normas**. Hay que decirles a los hijos que defiendo ese valor porque lo creo profundamente, no importa si te gusta o no, pero yo defiendo este valor.

Con las normas podemos transar, si quieres llegar a la una o dos de la mañana esta bien podemos ponernos de acuerdo, pero el valor fundamental se cuida y si el valor es la vida, no te autorizo que llegues a las cinco de la mañana, solo hasta 12 de la noche. ¿Porqué? porque los riesgos son más grandes. Lo que esta en juego es el valor de la vida. Y hay más peligros en la madrugada, cuando muchos ya andan muy tomados manejando pues acaban de salir de algún bar. Nuestros hijos necesitan ver en nosotros nuestra total coherencia en valores. No importa si a veces se enojan con uno, si lo planteamos y lo hacemos bien, vale la pena.

Cuidado de los distractores que nos van alejando de los diálogos profundos. En esta etapa de la vida es bueno que inculquemos a los muchachos que se enteren de la vida diaria, de lo que sucede en el mundo viendo noticias, periódicos, no me refiero a la nota roja o la policiaca, no, eso les enferma su mente, pero que vean cosas positivas, que hay de nuevo en el mundo los nuevos descubrimientos, etc. noticias valiosas, y que sean temas de conversación familiar.

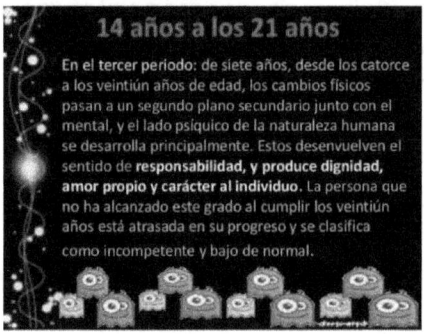

Capítulo 6

MIEDO A LA CONTINUIDAD
Cuarto Dragón
Ciclo de 21 a 28 años

Esta etapa de la vida afecta más a los hombres que a las mujeres, porque es cuando empiezan con muchos compromisos. inclusive hay muchos hombres de esa edad que duran mucho de novios hasta ocho años, porque no quieren dar el paso de perder la liberta según ellos, y además no quieren compromisos, no se quieren comprometer a nada.

por Jesús Alejandro Mena Gauna

El miedo a la continuidad es el miedo a todo lo que parezca rutina, a todo lo que significa un ritmo permanente, ese miedo lamentablemente es bastante presionado por la sociedad de consumo. A esa edad entienden que todo compromiso significa pérdida de la libertad, y tenemos que revertir eso. La rutina no esta afuera, esta dentro de uno mismo. Yo hago rutinaria la vida cuando yo quiero hacerla rutinaria. Los ritmos de la vida no son una rutina. Los ritmos de la vida son los procesos naturales.

La actitud en esta etapa de la vida es la creatividad. Ahora si las cosas se complican, porque hasta los 21 años podemos influir en la voluntad de los muchachos, pero a partir de esa edad, tenemos que contagiarles lo que queremos mostrarles.

¿Qué es la creatividad? La creatividad no es hacer cosas extraordinarias. Es hacer en forma extraordinaria lo ordinario de cada día. Entonces como padres debemos de poner una actitud distinta en lo cotidiano.

Por ejemplo, si los jóvenes a esa edad van a la casa de los padres y entran a la sala de la casa, y ven de pronto un mantel que hace quince años esta amarillento, con un florero que estaba quebrado y lo pegaron con cinta adhesiva, y con flores artificiales todas pegoteadas, eso demuestra que esos padres se volvieron escleróticos. Hay que tener flores naturales en la casa, cambiar los muebles de lugar, para darles un ejemplo a mis hijos de esta edad, en ser creativos. Las cosas que no se usaron en la casa, ya dalas no te pertenecen y te pesan, hay que deshacernos de esas cosas. hay que hacer de una forma extraordinaria lo ordinario de cada día. Que los hijos estén en contacto con la naturaleza, que hagan caminatas, hay que ayudarlos y animarlos que estén en contacto con la naturaleza, mándalos, ayúdalos a que tomen esa decisión y vuelven renovados.

Otra mala situación. Van a la oficina del padre, y ven que el lapicero del padre esta con borradores de goma todos pegoteados, pues algo pasa a esos padre. Uno tiene que darles a ellos testimonio de que la creatividad es un valor, por eso en esta etapa de la vida nos toca a los padres transmitirles la actitud creativa de la vida. El miedo a la rutina es un miedo que cada uno tiene que conquistar.

El elemento en esta etapa de la vida es la tierra, y la tierra nos enseña que ninguna primavera es igual a la anterior, que ningún amanecer es igual que el anterior, la naturaleza sigue sus ciclos pero la naturaleza no es rutinaria, todo en la misma realidad se vive transformando, las actividades al aire libre favorece esta actitud en los ciclos de la vida, entonces lo que parece rutina no lo es, porque son ciclos naturales.

La vida es creativa. Depende de mi que lo sea o

no.

En esta etapa de la vida el nivel de conciencia es transpersonal, en las comunidades antiguas se les enseñaba para que vinieron a este mundo. Es el tiempo en el que tienen que preguntarse el "para que" están en esta vida, el sentido de la vida. Para que sepan cual es su misión y se una a un hombre o el hombre a mujer y se apoyen mutuamente en esa su misión. A los 28 años la que más sufre es la mujer porque empieza el fantasma de los treinta y no se ha casado. Tienen que saber los jóvenes de esta edad quienes son, en donde están, y para donde van.

Que sepan para que vinieron a este mundo es necesario principalmente por tres razones:

- Para que no pierdan el tiempo.
- Para que se comprometan a eso ante la comunidad.
- Para que elijan bien a su compañero o compañera.

Hay una frase muy bonita que dice así: **Antes de preguntarte a donde vas, pregúntate con quien vas.**

Quien soy es mi definición en la vida,
Para que estoy es mi misión en la vida, y
Para donde voy es mi aspiración en la vida.

Capítulo 6   Miedo a la Continuidad

Que voy a hacer, que voy a dejar y a través de que proyecto. En la Cultura Andina decían que cuando una persona sabe lo anterior, esta bien plantado en la vida. Y cuando llegan los vientos de las adversidades la persona los sabe encarar de alguna manera. En cambio la persona que no sabe quien es, en donde esta y para donde va, cuando vienen los vientos de las adversidades lo único que ve es molestia, dolor, enojo, critica, queja, etc. etc. etc. Yo me pregunto, ¿Qué ha pasado en nuestra comunidad que los chicos de esta edad no tienen ni idea de esto? Tienen un título universitario, saben un idioma más que el propio, tienen ya ocho años de novios y no saben que hacer, tiene miedo de casarse, porque siempre están esperando tener todo para casarse, porque tienen miedo a que les falte algo después.

Voy a decirles algo que no les va a caer bien a algunos. A veces hay **familias que son muy religiosas**, van a la templos católicos o de otra religión, cada semana cumpliendo con todas las fiestas religiosas, pero no los están ayudando a lo jóvenes a que encuentren su misión en la vida, sino a que cumplan las normas de la religión, entonces se puede decir que tienen hijos obedientes, más no hijos maduros.

No hay que darles ideas, hay que enseñarlos a pensar.

"No preparemos el camino de

la vida a nuestros hijos, preparemos a nuestros hijos para el camino de la vida"

Muchos preparan el camino dándoles automóviles, casa, seguridad económica, pero no los preparan para que ellos lo logren por si mismo obtenerlos.

Si yo como padre o madre no se quien soy que es mi definición en la vida, para que estoy que es mi misión en la vida, y para donde voy es mi aspiración en la vida, como voy a enseñarles a mis hijos el camino.

Una comunidad sana debería ayudar a los jóvenes para que antes de los 28 años sepan para que vinieron a esta vida, cual es su misión. Platón decía que un ser humano conquista su alma a los 28 años. Entonces cualquier persona de 28 años tiene que saber cual es su misión en la vida, para que vino a esta vida. Si no tiene claro esa respuesta, o esta haciendo ruido, o esta tocando la música de otro, no esta tocando su música.

En esa etapa de la vida, andan a las carreras, el estudio, si están casados los hijos que empiezan a crecer, pero en cambio cuando aprendieron el "para que", a conocer la actitud de la vida, es otra actitud con la que están plantados.

El olfato. Y por eso el sentido físico que debería desarrollarse en esta etapa de la vida es el olfato. Y fíjense que hay que tener buen olfato para elegir una buena compañera, un buen trabajo, una buena actividad.

En las culturas antiguas en esa etapa de la vida desarrollaban mucho el olfato, porque tenia que ver con la glándula pituitaria y la glándula pineal. Cuando una persona tiene el olfato desarrollado tiene el sentido común desarrollado y su hemisferio derecho desarrollado.

De los mamíferos, los seres humanos somos los que menos desarrollado tenemos el olfato. Así andamos por la vida, tenemos hipertrofia del hemisferio izquierdo con tanta información y nos falta sentido común para la vida. Por eso algún día va haber una empresa que se va a dedicar a trabajar el sentido del olfato. Ya lo vemos como se esta utilizando la aromaterapia que empieza a traernos algo que al principio lo vemos como algo lindo pero tiene mucha consistencia este tema. Porque activa en nosotros puertas internas para trabajar el hemisferio derecho. Los antiguos lo sabían y lo trabajaban.

En National Geographic salió un programa que dice que el hombre escoge a su pareja utilizando también el olfato, no solamente la vista.

Mi madre decía ese amigo nuevo que trajiste a casa me huele mal, le preguntaba yo ¿transpiración o que? no, no, no. Me huele mal no se me hace buena amistad para ti; Y dicho y hecho al poco tiempo mostraba el cobre como decimos por acá en el norte, con el tiempo me daba cuenta efectivamente que ese muchacho tenía muy malas mañas, es decir en pocas palabras, no me convenía como amigo.

El Síndrome de Peter Pan
Los adultos que no desean crecer

En esta etapa de la vida, de los 21 a los 28 años, encontramos a muchos con el Síndrome de Peter Pan, que hace referencia a los adultos que continúan comportándose como niños o adolescentes y no son capaces de tomar la responsabilidad de sus actos. Son personas que se niegan a crecer presentando una marcada inmadurez emocional matizada por una fuerte inseguridad y un gran temor a no ser queridos y aceptados.

Como podrán presuponer el nombre proviene del conocido personaje de la literatura infantil creado por James Matews Barrie. No obstante, la primera vez que se relacionó el nombre de Peter Pan con un problema emocional fue en el año 1966, cuando el psiquiatra Eric Berne lo utilizó para indicar al niño que todo adulto lleva dentro y que sólo se preocupa por satisfacer sus propias necesidades. Posteriormente, en el año 1983, el psicólogo Dan Kiley fue el responsable de acuñar y popularizar lo que hoy se conoce como "Síndrome de Peter Pan" aunque en España (en el lenguaje coloquial) también se les conoce como adulto-adolescentes.

¿Cuáles son sus **síntomas principales**?

Aunque los adultos ya casi han llegado a la treintena o incluso algunos rondan la cuarentena de años, continúan comportándose como niños pequeños. Usualmente estas personas parecen ser seguras de si mismas e incluso arrogantes; sin embargo, esto es solo una coraza para ocultar sus verdaderas inseguridades e indecisiones. Estas personas se esconden detrás de excusas o mentiras en aras de disimular su incapacidad para crecer; suelen hablar de fantásticos proyectos, negocios increíbles, grandes aventuras amorosas, etc. etc. Estas fantasías (mayormente imposibles de cumplir) les permiten eludir sus responsabilidades y poder culpabilizar a los otros de las cosas negativas que les ocurren.

Además, podemos enlistar otra serie de "síntomas" en la persona con éste síndrome:

- **Se siente altamente seducido por la juventud**, etapa que suele tener idealizada intentando negar su madurez.

- **Miedo a la soledad.**

- **Altamente inseguro y con baja autoestima.**

- **Su actitud se centra en recibir, pedir y criticar** pero no se molesta en dar o hacer. Esto hace que viva centrado en sí mismo y en sus problemáticas sin preocuparse demasiado por lo que le sucede a las personas a su alrededor.

- Considera que el compromiso es un obstáculo para su libertad.

- No adopta la responsabilidad por sus actos mientras que los otros deben hacerlo por él.

- Se siente permanentemente insatisfecho con lo que tiene pero no toma iniciativas para intentar solucionar su situación. En palabras sencillas diríamos que es una persona que lo quiere todo pero no desea esforzarse para lograrlo.

Generalmente estas dificultades tienen su origen en la niñez, cuando el pequeño experimentó una carencia afectiva (objetiva o subjetiva). Al crecer, estas personas continúan sintiéndose desprotegidas y angustiadas frente a lo desconocido.

Por supuesto todo esto hace que el afectado por el Síndrome de Peter Pan, necesite a su lado a otra persona que satisfaga sus necesidades; muchas veces este rol es encarnado por los progenitores, un hermano mayor o la pareja. Vale aclarar que este Síndrome es más frecuente entre los hombres, y generalmente las personas desconocen que lo padecen hasta que alguna situación crítica les hace revalorar su forma de comportarse y enfrentar el mundo. Estas personas se sienten incomprendidas y, como culpan a los demás de todo lo que les sucede, resulta particularmente difícil que concienticen su problemática.

La vía más certera para ayudarlos a crecer es permitirles que enfrenten su realidad y asuman las consecuencias de sus comportamientos y decisiones. Ante sus quejas y lamentos debe motivárseles a que tomen iniciativas proactivas para cambiar la situación y no asumir en su lugar la responsabilidad por el cambio.

Sin lugar a dudas, todos tenemos un pequeño Peter Pan dentro y pretender erradicarlo totalmente sería algo bastante demencial; pero éste lado infantil no puede impedirnos crecer, asumir la responsabilidad por nuestras decisiones y continuar el camino hacia la adultez.

Los miedos y la etapas de la vida

EDAD	MIEDO	ACTITUD ADECUADA	ELEMENTO	NIVEL DE CONCIENCIA	SENTIDO
0 - 7 / 63-70	LA DISTANCIA	LA PRESENCIA	AGUA	EL YO	GUSTO
7-14 / 56-63	CERCANÍA	AUTONOMÍA	FUEGO	SOCIAL	VISTA
14-21 / 49-56	CAMBIO	SEGURIDAD	AIRE	EXISTENCIAL	TACTO
21-28 / 42-49	CONTINUIDAD	CREATIVIDAD	TIERRA	TRANSPERSONAL	OLFATO
28-42 / 70-84	PERDER	NO HAY QUE TENER, HAY QUE SER	LUZ/SOL	UNIDAD	OÍDO

Capítulo 7

EL MIEDO A PERDER
Quinto Dragón
Ciclo de 28 a 42 años

Esta es una de las etapas más difíciles, y en la que nos detendremos un poco más. El miedo a perder, es el gran dragón más difícil y nos va a acompañar de los 28 a los 42 años. Este miedo empieza a ser muy sutil y después se hace bien concreto. Empieza a perder la posibilidad de hacer las cosas que me gustan, porque tendremos que adquirir responsabilidades con los niños, con la casa. Empiezo a perder la posibilidad de dedicarme al deporte que me gusta, empiezo a ver que ya no tengo el tiempo que yo necesitaba para mis gustos, y nos empezamos aproximar a la edad de 35 a 42 años, empiezo a tener miedo de perder mi trabajo, mis posesiones que tanto me costo conseguir, el miedo a perder la virilidad, miedo a no

por Jesús Alejandro Mena Gauna

casarme, ya no me siento tan fuerte como antes en algunas cosas, el miedo a perder la juventud, me empiezo hacer adicto al gimnasio, miedo a perder el trabajo y me dedico hasta 10 horas trabajando, me empieza aparecer una cana, y siento que mi cuerpo ya no es tan joven como antes, no obstante que me sienta joven, pero en mi exterior veo que hay cambios. **Y me empiezo a aferrar al "tener"** tener mas dinero, tener más hijos para que mi marido no me deje, empiezo a tener más sexo para que mi mujer vea que todavía puedo y yo darme cuenta que no pierdo la virilidad.

Y el miedo a perder empieza a ser mas consistente, el miedo a perder la condición de madre, no es generalizado, pero muchas mujeres ya cuando sus hijos crecieron eligen la maternidad para seguir sintiéndose seguras. El miedo a perder el tiempo y la vida al lado de ésta mujer u hombre que ya no nos queremos mucho, entonces empezamos a fantasear con diferentes personas pensando que nos van a dar un vida diferente a la que tengo (No digo que eso ocurra siempre).

Cuando el miedo es el que me esta llevando a tomar decisiones, nunca es sano para mi crecimiento.

Y nos dice la sociedad moderna que ante el miedo a perder hay que "tener", tener más relaciones, tener más hijos, tener más dinero, tener más fuerza en tu trabajo para no perderlo.

Sin embargo en todas las culturas antiguas no era "teniendo" como le ganamos a ese dragón. Para vencer esos miedos **hay que "ser"** y por eso es importante invertir su tiempo y energía en trabajar su interior, en afirmarse interiormente, por eso en esa afirmación interior, uno va desechando el miedo a perder, y eso significa dedicar tiempo y energía a crecer interiormente, a dedicarse a nutrirse interiormente. Uno es lo que come, si uno come superficialidad, es superficial. Si uno come profundidad es profundo. Es conveniente revisar de que estoy nutriendo mi interior y darme cuenta entonces que debo dedicarme a ello.

El miedo a perder esta detrás de escena. Y tomo decisiones basadas en ese miedo y al final resultan ser errores graves. Por lo que hay que ganarle a ese miedo "siendo" y no "teniendo".

El elemento en esta etapa dela vida es la luz, el sol. En las culturas antiguas hacían todas las iniciaciones solares en esta etapa. ¿Porque la luz?, porque es el tiempo de tener claridad, por eso el hombre y la mujer de los 28 a los 42 años, debe darse tiempo para la soledad, la soledad no es aislamiento, es ponerle sol a la propiedad, es decir es un momento en el que le pongo claridad a lo que pienso, a lo que siento y a lo que hago. Es tiempo para clarificar interiormente, por eso el hombre y la mujer que aprende a vivir en esta etapa de la vida, se toma los momentos para la soledad para encontrarse consigo mismo.

El nivel de conciencia en esta etapa de la vida es el nivel de conciencia de la unidad, por eso hay que aprender que "no soy" sino que somos", y aprende a tener una conciencia comunitaria no individualista, aprende a pensar en plural y no en singular. Un signo del que aprendió bien es que hace dos cosas fundamentales, agradecer y sonreír. Muéstrame con tu sonrisa que aprendiste a vivir, no me des teorías de la vida, muéstrame con tu alegría que aprendiste el arte de vivir. La alegría es un síntoma de ir a la sabiduría, y cuando falta vas ala vejez. Así mismo hace lo que le conviene en vez de hacer solo lo que le gusta.

En las comunidades indígenas hay una frase que dice así: **"El hombre agradecido, es bien nacido"**. Y no se trata de un tema de cortesía, se trata de agradecer a la tierra, a el aire, a el agua, de lo que tengo, a Dios si creo en él, o a la vida o en lo que creas, pero lo importante es ser agradecido. Con el agradecimiento como actitud de vida y con la sonrisa, es como les mostramos a los jóvenes que aprendimos a vivir.

El sentido físico en esa etapa de la vida es el oído, es decir escucharme, porque necesariamente tenemos que aprender a escucharnos, escuchar mi cuerpo, escucharme a mi, alejarme a la soledad para escucharme, escuchar a los demás y escuchar a Dios. Es un tiempo en el que uno tiene que darse cuenta de que no las sabe todas y que me tengo que dar tiempo para escuchar de nuevo y aprender, en un momento que creo puedo dominar todo lo que se. Y cuando digo escuchar es poner atención a lo mas sagrado de uno mismo.

Hay un autor que dice: "El silencio que Dios fecunda, no es el de aquel que esta callado, sino el de aquel que esta a la escucha", saber estar a la escucha es muy difícil, si saber estar callado cuesta mucho, saber estar a la escucha es más difícil, es una actitud del alma que se abre a tratar de entender algo mas profundo.

Un matrimonio va al fracaso cuando uno de los cónyuges no escucha al otro, porque entonces el que no es escuchado va a buscar alguien que lo escuche, y si ella va con una amiga no es tan grave, pero si va con un amigo, surgirán problemas de separación, porque tendrá ganas de estar con ese que le escucha, que con el que tiene al lado diariamente.

Los miedos y la etapas de la vida

EDAD	MIEDO	ACTITUD ADECUADA	ELEMENTO	NIVEL DE CONCIENCIA	SENTIDO
0 - 7 63-70	LA DISTANCIA	LA PRESENCIA	AGUA	EL YO	GUSTO
7-14 56-63	CERCANÍA	AUTONOMÍA	FUEGO	SOCIAL	VISTA
14-21 49-56	CAMBIO	SEGURIDAD	AIRE	EXISTENCIAL	TACTO
21-28 42-49	CONTINUIDAD	CREATIVIDAD	TIERRA	TRANSPERSONAL	OLFATO
28-42 70-84	PERDER	NO HAY QUE TENER, HAY QUE SER	LUZ/SOL	UNIDAD	OÍDO

Capítulo 8

CICLO DE LOS 42 A 49 AÑOS
Segunda etapa de la Vida.

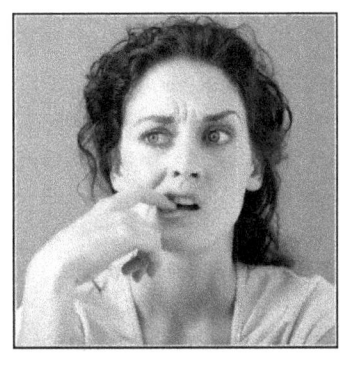

Períodos de Afirmación y Transformación

De los 42 años hacia abajo es un período de afirmación y después inicia de aquí en adelante el periodo de transformación. Aquí existe una puerta que deberemos atravesar, y es cuando elijo "el tener" o "el ser". Si elijo "el tener", se me puede ir la vida restante en tener y sostener lo que tengo, y hacer demasiado para tener y sostener. Pero si yo elijo "el ser", elijo la vida, entendiendo que lo importante es entender, lo importante es compartir, lo importante es crecer interiormente.

CRECER con la letra "c" en medio es algo que no podemos evitar, el pelo se va a encarecer, el cuerpo va

por Jesús Alejandro Mena Gauna

cambiar, nuestras arrugas van aparecer, el crecer es inherente a la condición humana.

CREE SER pero "cree ser" o sea la palabra crecer con una "s" en medio, eso depende de ti. Podrás tener muchas arrugas, y lamentablemente no haber crecido internamente. En cambio hay personas que han crecido físicamente y han puesto atención y decisión en "cree ser" y son las personas sabias las que trabajaron su interior. Esto empieza a los 42 años, así es que los que están cerquita de ese edad agárrense porque es la clave de su vida.

Aquí iniciamos la segunda etapa de la vida, que inicia con su primer ciclo de los 42 a los 49 años, repetimos los mismos miedos que en los períodos anteriores. **El temor de la continuidad** regresa. Vuelve el miedo a la rutina, si la persona trabajo su ser interior tiene una gran creatividad y tiene ganas de aterrizar todo lo que aprendió. Un hombre o una mujer de 42 años que realmente hizo un proceso de crecimiento interno, tiene ganas de expandir y transmitir todo lo que sabe, y vive la vida como un recreo, en cambio el que no aprendió a vivir y se quedo encerrado en "el tener" y no en "el ser", vive la vida como una rutina y espera hacer un recreíto después, hace un viajecito, hace esto o lo otro para sentirse bien.

En cambio la persona de 42 a 49 años quien realmente trabajo el interior, siete ganas de transmitir, de

www.evitarelmiedo.com

hacer, de dar. Y por algún lado nosotros recobramos en esta actitud creativa toda una juventud interior, y por eso le encanta tocar la tierra, meterse en el jardín descalzo, regar, estar en contacto con la tierra. Si trabajo su ser quiere estar en contacto con la tierra, pero si se quedo en el tener, quiere solo poseer tierra, quiere tener cosas.

En esta etapa de la vida vuelve este Nivel de Consciencia Transpersonal. Por eso esta etapa es la última oportunidad para no andar por la vida sin saber cual es mi misión en la vida, mi ideal de vida. Es el tiempo de revisar esa misión personal. Es el tiempo del sentido del olfato, a las mujeres les encanta eso de la aromaterapia, y es porque en algún lugar ancestral nuestro hay una sabiduría escondida en esto de los aromas.

La Crisis de los 42 años

Volviendo al abanico formado con las manos, fíjate que si los dos pulgares se tocan hay un mismo miedo que dura 14 años, hay un dragón qué para ganarle tengo que estar 14 años luchando con el, y ese dragón empieza a los 28 años y termina los 42 años.

Para que esto sea gráfico. Aquí vemos la imagen de la repartición de los años, cada siete, en cada dedo de las manos.

A nueve meses de los

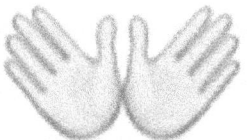

42 años, antes o después, es una crisis tremenda, pueden pasar muchas cosas hay que tener mucho cuidado en esa etapa de la vida, tanto para hombres como mujeres.

A veces la crisis se manifiesta con problemas, con adversidades, con vientos que soplan para todos lados. Pero a veces gracias a Dios, no nos llega por adversidades, sino que llega por la reflexión por intuición, al darnos cuenta que hay algo en que cambiar, modificar, algo que tengo que revisar en mi matrimonio, en la organización, como persona, en mi trabajo, etc. etc.

Estudios recientes nos dicen que la edad más creativa del hombre es de los 42 a los 49 años, porque es cuando uno aterriza y vivió todos los dragones de los miedos pasados y si trabajó su "ser" ahora quiere expandirlo; quiere ser creativo, trabajar con arte, escribe libros, trabaja en su jardín. Y eso significa que trabajó su ser y es creativo. Y la mujer que trabajo su ser, tiene toda la energía como si fueran de 21 a 28 años, y muchas de ellas son más lindas que las jóvenes y por supuesto tienen más experiencia de la vida. lamentablemente muchas de ellas empiezan a estar cansadas, no les ves ganas de vivir, un espíritu de alegría, no quieren cambiar nada, no tienen vida propia, no leen los diarios, son esposas pero dejan de ser mujeres, dejan de tener identidad propia ya no viven.

Hay que buscar lugares de la tierra para caminar al aire libre, subir y bajar algún cerro, y caminando en la naturaleza se encuentran a ellos mismos, o a ellas mismas.

La crisis de los 49 años es muy fuerte, si no hiciste las cosas bien en las etapas anteriores, todo lo malo va a brotar y vas a tener crisis en tu matrimonio, en tu trabajo, con tu pareja, en lo físico, etc. etc. por eso hay muchos divorcios en estas edades.

Atención, antes de llegar a la frontera de los 49 años, ya debes tener claro cual es tu misión en la vida, ya debes de tenerlo claro. la crisis de los 49 años es muy fuerte. si no hiciste las cosas bien vas a tener conflictos por todos lados.

El sentido del olfato es muy importante en esta etapa. La mujer empieza a poner aromas por todos lados de la casa. Es bueno utilizar la aromaterapia, aromas por todos lados de la casa. Que bonito que en el dormitorio de un hogar haya un aroma propio de ese lugar.

Hacer Cambios – Modificar Algo en Mi Vida

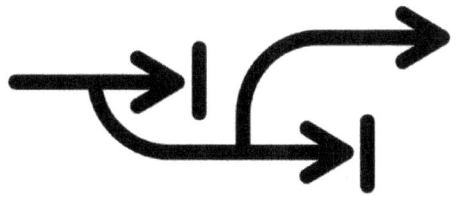

Capítulo 9

CICLO DE LOS 49 A 56 AÑOS

De 49 a 56 años vuelve el miedo al cambio, pero ahora el cambio es realmente de otra forma, es el cambio físico, aparece la menopausia, la andropausia, es el momento donde también cambia la vida familiar, porque los hijos se van de casa, porque de repente los esposos tienen que reencontrase, tienen que reinventar su matrimonio, porque si no lo hacen no les va a durar más tiempo, podrás acostumbrarte pero no serás feliz, es el

por Jesús Alejandro Mena Gauna

momento donde todo cambia hasta el puesto de trabajo, se mueven muchas cosas laborales, familiares y físicamente.

En la cultura maya se dice que a los 52 años se vuelve a nacer, en la crisis de los 49 años a los 52, que es la mitad de ese ciclo, es una etapa de cambios, se vuelve a nacer. Cuidado matrimonios se caen, aparecen enfermedades, problemas cardiacos, problemas vinculares con la familia. cuando no trabajamos nuestro ser interior la vida no va a hablar con un megáfono, y el megáfono es el dolor. Es la gestación para el nuevo nacimiento. La persona ya debe saber quien es, donde esta y para donde va. A los 52 hay que reiniciar la relación de pareja y personalmente cuidando su cuerpo, y cuidándose intelectualmente, hay muchos a esta edad que no leen, no se instruyen, solo leen lo que se les da en su trabajo, leen Facebook solamente. En esta etapa debe reinventarse la persona, en el aspecto laboral, y de salud.

Si la persona no trabajó su interior va a buscar seguridades afuera, seguridades materiales y se empiezan hacer avaros, o seguridades en los otros, y a veces busca seguridades en los hijos, esperando que los hijos le den seguridad.

El que trabajo su interior, el que trabajo su ser, se da cuenta que realmente su única seguridad esta dentro de él. Y que la única seguridad son los afectos verdaderos. Por eso que bonito llegar a esa etapa de la vida y tener al lado un compañero, una compañera que

Capítulo 9 Ciclo de los 49 a los 56 años

se puedan tocar el hombro mutuamente y decirse uno al otro, puedes contar conmigo.

Y es el tiempo donde vuelve la amistad, de la edad de 14 a 21 años la palabra amistad es una palabra sagrada, de los 49 a los 56 se vuelven a reencontrar los amigos y no hay cosa más bonita en la vida que reencontrar a un amigo y te diga puedes contar conmigo. Eso es algo sagrado.

En esta etapa de la vida vuelve el nivel de **consciencia existencial**, y si la persona no aprendió a vivir bien y se quedó en el tener y vive aferrado para adentro y se quedó con los miedos y lo demás, en realidad va a tener siempre una actitud critica negativa, siempre tiene una oportunidad para quejarse y ve todo negro y vive tirando tierra para todos lados. En cambio cuando trabajó su interior y tiene toda una plenitud de ganas de transmitir, tiene una critica positiva y le encanta colaborar en cualquier lugar para decir su opinión, siempre siente que tiene que participar para contribuir con su opinión con su palabra con lo que fuera para que las cosas mejoren.

De los 49 a los 56 años vuelve el **sentido del tacto**, que bonito, él vuelve a sus hobbies, ella vuelve a la cocina o al tejido a actividades manuales, y eso es fantástico porque al volver al sentido del tacto, otra vez empieza la tarea de redescubrir el amor, la caricia, la ternura, el abrazo, el contacto. No es que uno pierda la virilidad o la feminidad, no, no, no, uno empieza a valorar más esto que digo que es lo mas importante.

Dos actitudes que demuestran que es un gran hombre aquél que pasó los 49 años son, **ternura y generosidad.** Si él no es generoso y no es tierno, va camino directo a la vejez. ¿Quien no quiere estar con un hombre generoso y tierno?

Y las dos actitudes propias de una mujer que paso los 49 años, son alegría y profundidad, que sea sonriente, que le guste bailar, que tenga alegría de vivir. La mujer que se la pasa hablando de los demás va camino a la vejes, no es profunda. No se trata de conocimientos teóricos o cosas materiales, si tu pareja no valora eso en ti, tus hijos y los seres que te rodean si lo van a valorar.

Es el momento de la respiración. Hacen ejercicio, hacen Pilates, correr, maratones, nadadores, andar en bicicleta, andar en lugares abiertos, en conexión concreta con el aire, yoga.

Es el nivel de la **conciencia social**, y busco en que puedo ayudar a mi comunidad, no puedo seguir preocupado por "el tener", sino por dar un buen ejemplo a mis hijos. El que aprendió a vivir empieza hacer artesanías, jardinería, cocina, en actividades que hace con sus manos.

Y es muy importante que la pareja entienda el valor de una caricia. el orgasmo sigue estando, pero el secreto es la caricia.

Los miedos y la etapas de la vida

EDAD	MIEDO	ACTITUD ADECUADA	ELEMENTO	NIVEL DE CONCIENCIA	SENTIDO
0-7 63-70	LA DISTANCIA	LA PRESENCIA	AGUA	EL YO	GUSTO
7-14 56-63	CERCANÍA	AUTONOMÍA	FUEGO	SOCIAL	VISTA
14-21 49-56	CAMBIO	SEGURIDAD	AIRE	EXISTENCIAL	TACTO
21-28 42-49	CONTINUIDAD	CREATIVIDAD	TIERRA	TRANSPERSONAL	OLFATO
28-42 70-84	PERDER	NO HAY QUE TENER, HAY QUE SER	LUZ/SOL	UNIDAD	OÍDO

Capítulo 10

Ciclo de los 56 a los 63 años

De los 56 a los 63 años, vuelve el miedo al otro a la cercanía, el hombre y la mujer de esa edad, tiene la sensación de que le pueden hacer daño, a él, a sus hijos a sus nietos, y empieza a tener la necesidad de poner candados, puertas blindadas, comprar seguros de vida, etcétera, etcétera. Y tiene pánico que los chicos salgan a

por Jesús Alejandro Mena Gauna

la calle, pánico a enterarse de algo malo de su nieto, que esto que lo otro, ese miedo a que le hagan daño empieza a meterse por la piel, no viaja, no confía, esta al pendiente de lo que le pasa a los otros. No comparte su tiempo ya no quiere perder el tiempo con nadie.

Y si no trabajó su interior, la persona realmente se cierra, se mete vive en su departamento, adentro de su casita tranquilamente, no viaja, se encierra para que no le pase nada, y no comparte nada, con nadie ni siquiera tiempo. Por eso entonces lo que la persona debe de tener en ese momento de la vida, es autonomía. Y a los hijos de entre 7 y 14 años que son los que tienen los mismos miedos que nosotros, tenemos que darles autonomía a ellos, para que puedan realmente desarrollarse y salir y no cerrarse y meterse.

No es el tiempo de retirarse, es el tiempo de consagrarse. Tienes que leer, ir al cine ir al teatro, tienes que captar la realidad. Trata de aprender. No te escondas no te tapes. Es el tiempo de apostar a superarte.

A los que están en esta etapa de la vida hay que apoyarlos a que se lancen a la vida y no que se queden encerrados en la seguridad. Es el momento de comprometerte contigo para que des lo mejor de ti, hay que aportar a la vida algo y no de retirarse sino de consagrarse. en esta etapa de la vida, la persona debe entretenerse en el servicio social. Tiene que leer, ir al cine, informarse, tratar de aprender con su capacidad de discernir la realidad porque sus hijos necesitan que los instruya con su experiencia. Hay que superarse, no es edad de retirarse, y no andar por la vida con cara de indigestión.

Muchos de esta edad se meten a la política y son muy malos políticos porque solo quieren tener más y tratan de sacarle provecho económico a todo lo que hacen por las buenas o por las malas, pero quieren más, porque como no trabajaron "su ser" se sienten inseguros y quieren más poder. No trabajo su ser y se queda en la apariencia de "ser". Por eso en cualquier evento que van se toman fotos con los grandes hombres de ese evento, para mostrarla en todo lugar, publicarla en Facebook para que me vean quien soy yo, y que solo ando con los grandes, porque el se siente pequeño y con eso quiere impresionar, no siente que él mismo tiene el poder grande de una persona que trabajo su "ser".

Y el hombre de esa edad que aprendió en serio siempre quiere seguir aprendiendo.

Los miedos e inseguridades de esta etapa de la vida, me orillaron a escribir este libro, pues **estoy atravesando por este ciclo de mi vida**. Un día me pregunté el porque de mis miedos, de mis desconfianzas, de mis temores, de mi inseguridad. Me dije, porque tengo estos miedos si siempre fui muy valiente y arriesgado hasta de más. Como abogado me metí en dificultades que ahora en esta etapa de mi vida por ningún motivo me arriesgaría a manejar de esos asunto otra vez. Y me digo, gracias a Dios estas con vida, porque te arriesgaste tanto que antes no perdiste la vida. Pero bueno siempre fui muy arriesgado y a veces un tonto brabucón en mi trabajo, que ahora por dinero no vuelvo arriesgar mi vida. Gracias a Dios ya pasé esas etapas de mi vida y aquí estoy feliz y contento disfrutando de mi familia y de todo con lo que mi Dios a me ha bendecido. Gloria a Dios.

Ahora un día me dije, investiga estudia sobre esos miedos que tienes, no vaya a ser la de malas que ahora que eres de la tercera edad te enfermes de la mente. ¡Y o gran sorpresa¡ al estudiar el tema me he dado cuenta que los miedos son naturales, no es que yo este mal de mi mente. Es mi edad la que me trae esos temores que antes no tenía, que a esta edad todos pasamos por ellos, y lo que si debo aprender es a dominarlos, se que es imposible quitarlos, pero si es posible dominarlos, controlarlos, y ya no darle mucha importancia a esos temores que como destellos de luz aparecen de repente en mi mente. Y al seguir estudiando el miedo aprendí a dominarlo y ya no me mortifican esos pensamientos negativos que de repente fluyen en mi mente. Y de preferencia procuro no ver noticieros que muestran puras notas rojas, pura maldad, pura violencia y no muestran lo bueno que también hay en el mundo. Hay más amor, bondad, amista, cosas buenas y caricias en el mundo, que maldad. Lo que pasa es que la nota buena no la publican, hay que pagar para que publiquen lo bueno.

Ahora doy gracias a Dios diariamente por todo, porque reconozco que lo que soy y lo que tengo se lo debo a alguien muy superior que yo, que me cuido, me ayudo y me bendijo dándome una familia divina.

Bueno, seguiré con el tema de este libro y dejaré de hablar de mí. Yo tengo tanto que contarles, ojalá y algún día me anime a escribir mis memorias de abogado, a lo mejor estaría interesante el libro.

Continúo…

En este ciclo de la vida el elemento es el fuego y por eso es tan bueno que al hombre le encanta el fuego, la fogata, la chimenea y todo lo que tiene que ver con el fuego sagrado. A mi por ejemplo me encanta coleccionar lámparas de petróleo y prender una cuando escribo o leo.

El nivel de conciencia es social. Si desarrolló su interior del ser, tiene ganas de ser útil y de participar, de hacer algo. En cambio el que no desarrolló su interior vive sin querer hacer nada, no quiere ver televisión, no quiere ver el diario porque todo le amarga, porque todo es un desastre. En cambio la persona que trabajo su interior quiere realmente ver, participar, escuchar y estar en contacto con la realidad.

Ahora que estoy en esta etapa de la mi vida, es cuando más libros he escrito y tengo mucho animo de seguirlo haciendo.

Capítulo 11

CICLO DE LOS 63 A 70 AÑOS

De 63 a 70 años, vuelve el temor a la distancia, vuelve el miedo a que lo abandonen, que lo dejen que no vengan a verlo, empieza la sensación de que no le importa a nadie. Esos miedos que tiene el niño desde su nacimiento a los siete años, vuelve aparecer en el hombre y la mujer de esta etapa de la vida, sienten la sensación de que ya no son imprescindibles, de que los demás pueden vivir sin ellos.

por Jesús Alejandro Mena Gauna

Si no trabajo su interior, su ser interiormente, cuando llega a esta etapa de la vida vive reclamando presencia. Le llamas por teléfono y te contesta, ha hasta que te decidiste a llamarme, porque me puedo morir y te vas a enterar tres días después por el mal olor en el barrio. Porque realmente nadie me llama. Yo no sirvo para nada y les di la vida, lo crie a todos y como si no tuviera hijos ni nietos.

A ese tipo de personas le gusta hacerse el mártir o la mártir para reclamar atención, y hasta pueden crear mentiras para poner en contra a unos contra otros. Por ejemplo dicen: y como tu hermano o hermana no me viene, a ver pues, a ver si tu si vienes, y eso se lo dicen a todos por igual, es decir hacen un chantaje sentimental, inclusive para que si no le das la presencia total que reclama te sientas culpable, y hasta empiezas a preguntarte ¿no seré yo el malo?

Esa actitud de reclamar mal la presencia, es un síntoma de alguien que esta mal ante la vida, una persona envidiosa, una persona mala que no le importan los demás, que solo quiere darle gusto a su ego y quiere que los demás le llenen la vida, y cuando eso ocurre cuando tienes un padre o madre, abuelo o abuela así, hay que poner límites, porque si no pones límites, esa persona ese abuelo, esa abuela ese padre o madre, a la larga va a traer bastantes problemas a la vida familiar, hay que saber ponerlos en su lugar.

Una persona que no trabajo "su ser" no deja de hablar, ya sea por teléfono o personalmente se pone hablarte de todos y mal de todos y de pura maldad y no te deja hablar a ti. Siempre esta enferma para llamar la atención, siempre con desgano, siempre quejándose de la vida y muestra su coraje con ella misma, siempre se esta diciendo que no sirve para nada, quejándose de su cuerpo, de sus canas, de sus dolores fantasiosos, en pocas palabras es una persona enojada con ella misma o él mismo.

Sin embargo la persona que trabajo su "ser", es alegre y trata bien a sus hijos y nietos, se gana la presencia, todos quieren ir a la casa de la abuela o el abuelo, porque siempre te cuenta cosas importantes, interesantes y no se la pasa hablando solo de la vida de los demás. Porque quien trabajo su "ser" te escucha, habla menos que tu, porque le interesa tu vida, quiere que tu le platiques que tu le digas.

Hay abuelos generosos y tiernos. En esa etapa de la vida la persona debe de ganarse la presencia con amor.

El elemento es el agua, y es muy saludable para la gente de esa edad estar en contacto con el agua, hay que disolver los miedos internos, y el nivel de conciencia es el YO. Hay que llevarlos a las aguas termales, eso los reanima.

Los hombres y mujeres de esta edad que maduraron bien, los ves bien vestidos, su pelo bien cortado, esta bien plantados en lo que hacen, se asean están bien en general. siempre muestra su presencia con cierta dignidad, sintiendo que el o ella es importante.

Pero si en cambio no trabajo su interior cuando llega a esa etapa de la vida es egoísta **y siempre va a enfermarse para llamar la atención**, y engaña a los suyos con enfermedades, que esa misma persona se crea, porque si no se enferma nadie le llama, (según piensa), no se baña, pone muchos "peros" para hacerlo, como si estuviera peleado o peleada con el agua. siempre te cuenta sus dramas para que sientas culpa por lo que esta viviendo. Esta centrada en si misma para llamar la atención. Distinto al otro que siempre esta bien y no quiere ser el lastre de nadie.

El sentido en esa etapa de la vida es el gusto. Una persona de esa edad que no aprendió a vivir bien, vas a ver que come de todo, vive con problemas de gordura, siempre esta mal digestivamente, siempre tiene un montón de problemas. En cambio el hombre y la mujer de esa edad que aprendió a vivir, vas a ver que come poco pero come bien, le encantan los condimentos

Capítulo 11 Ciclo de los 63 a 70 años

un buen vino, la mesa bien servida, es toda una actitud distinta. La manera de alimentarse esta mostrando su nivel de conciencia.

La persona que trabajo su ser, siempre esta limpia, peinada, bañada, digna de ella misma no importa que nadie venga a verla ella o el siempre esta bien arreglando y no les gusta dar lastima.

Los miedos y la etapas de la vida

EDAD	MIEDO	ACTITUD ADECUADA	ELEMENTO	NIVEL DE CONCIENCIA	SENTIDO
0 - 7 63-70	LA DISTANCIA	LA PRESENCIA	AGUA	EL YO	GUSTO
7-14 56-63	CERCANÍA	AUTONOMÍA	FUEGO	SOCIAL	VISTA
14-21 49-56	CAMBIO	SEGURIDAD	AIRE	EXISTENCIAL	TACTO
21-28 42-49	CONTINUIDAD	CREATIVIDAD	TIERRA	TRANSPERSONAL	OLFATO
28-42 70-84	PERDER	NO HAY QUE TENER, HAY QUE SER	LUZ/SOL	UNIDAD	OÍDO

Capítulo 12

CICLO DE LOS 70 A 84 AÑOS

La Segunda Puerta: Recuerden que a los 42 años se abría la primera puerta. Pues bien ahora les voy a decir algo que duele, me refiero a la segunda puerta que se llega a los 70 años, y ahí llega la meta final.

al pasar esta segunda puerta vuelve el miedo a la muerte, el miedo a sufrir, el miedo a que se van a repartir todas las sus cosas, que se va a quedar con lo de el o ella. Y siempre hablan de a quien le van a dejar esto o lo

por Jesús Alejandro Mena Gauna

otro, la persona siempre esta aferrada al tener.

Siempre hablando mal de una nuera, o de un yerno, siempre tirando tierra, siempre tirando indirectas, siempre la critica, siempre poniendo mal a un hermano contra otro, a un familiar contra otro. Diciéndole a uno de los hermanos, mira vino tu hermano y me dijo esto o aquello, salió igual que su padre, a ver que haces tu va a hacer que me muera etc. etc. Tu llegas a la casa y con tanta maldad en sus palabras ya mejor quieres irte rápido, no duras ni cinco minutos, te agobia con tanta maldad en sus palabras, con tanta envidia que le brota de su boca. A lo mejor si no hablara, si fuera muda aguantarías mas ahí a su lado, pero te agobia y ya quieres irte, porque te cansa siempre habla del pasado negativo, de lo que sucedió hace años, inclusive del día anterior que lo escucho en los medios de comunicación amarillistas.

Una persona así nunca cuentas las cosas positivas, siempre se compara con otra persona, y siempre reclama. **Por eso hay que ponerle limites** al hombre o la mujer que decidió ser vieja, porque si no intoxica tu familia. Va a tirar veneno con lo que dice he intoxica a tu familia y no tienes derecho que por culpa de tus padres o abuelos arruines y empobrezcas la vida de tus hijos. Si esa ha sido una maldición que viene desde tus antepasados, rómpela y no heredes esa maldición a tus hijos. Tu has el cambio, deja de ser papa o abuelo tóxico.

Tienes que cuidar a tus padres o abuelos tóxicos,

pero a la distancia, para que no hagan daño a tus hijos.

Sin embargo quien trabajo su ser es una persona feliz, contenta, y siempre esta preocupado por unir a los suyos, levanta las cortinas, siempre tiene la casa llena de luz.

En las culturas antiguas a los 70 años se pasa una puerta. Y hasta esa edad todo puede modificarse, siempre puede pasarse de un estado de conciencia baja, a una conciencia más elevada, pero a los 70 años dicen las culturas antiguas que la persona pasa a ser una **persona vieja, o una persona sabia,** pasa a ser **un lastre en la vida de los demás, o pasa hacer un faro en la vida de los demás.** Si tu padre, o tu madre, o tu abuela, o tu abuelo es un lastre en tu vida, ¡cuidado!.

En la Biblia, en Mateo 15:4 Dios dice: Honra a tu padre y a tu Madre. Más No dice: ama a tu padre y a tu madre. Porque algunas veces es imposible amar a quien solo te causa penas y quiere molestarte, humillarte, dañarte con preocupaciones de enfermedades inexistentes y muchas de las veces ponerte en mal con tus hermanos, para que ellos se compadezcan de él o ella y estén físicamente a su lado. Por eso dale todo lo que se debe y todo lo que se merece por el don de la vida que te dio. Pero no vivas dependiente de ellos. Ni vivas con una expectativa falsa de creer que va cambiar, porque ella o él decidió ser una persona vieja y después de esa edad es imposible que cambie.

Pero si ese abuelo o esa abuela, ese padre o esa madre es un faro en tu vida, tienes la obligación de acercarte a él o ella y aprovechar de su sabiduría todo lo que puedas, para que te ayude a discernir la vida, para que te ayude a que sepas siempre que es lo esencial y que es lo accidental.

Entonces hasta los 70 tenemos posibilidades de ser un faro o un lastre en la vida de los demás. Yo sé que duele lo que digo porque en muchos casos llegaron a esa edad pasaron la puerta y envejecieron, nuestros padres o abuelos, y son un lastre y un motivo de discordia entre los hermanos y demás familiares, por crear ellos tantas mentiras a fin de llamar la atención. Y muchos dolores que uno acarrea en la vida es por no haber aprendido esas lecciones básicas, y pensar que un día va cambiar, porque hoy me habló muy bien y me dijo tantas cosas bonitas hoy parece que me entendió. Y a la semana siguiente hace todo lo opuesto.

Es porque lamentablemente esa persona envejeció.

Este es el último ciclo que va de los 70 a los 84 años, ahí **vuelve el**

www.evitarelmiedo.com

miedo a perder, y el miedo a perder empieza con el miedo a perder la vida, porque es el miedo a la muerte, y siente la certeza de que se acaba algo, pero si aprendió a vivir, sabe que la vida continúa que la muerte no existe, es solo un paso.

No se preocupen por la muerte. Recuerden esta frase tan bonita para entender esta etapa de la vida cuando se aprende a vivir:

"La muerte no es una luz que se extingue, es una lámpara que se apaga porque empieza amanecer" (*Rabindranath **Tagore***)

Y el hombre y la mujer que llegan a esta etapa bien internamente, que trabajaron su ser, sabe que es un faro para los demás, que es luz para los otros, y por eso le encanta el sol.

Si ustedes ven a los abuelos que aprendieron a vivir, van a ver que en sus casas tiene las cortinas o persianas abiertas levantadas para que entre el sol. Mi abuela decía: Donde entra el sol se van las enfermedades. Estas personas están siempre en la espiritualidad.

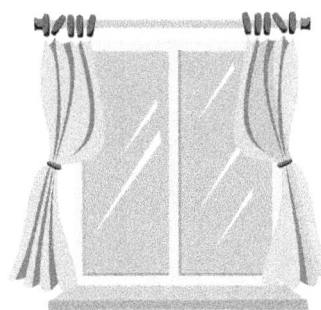

Cuando ustedes van a la casa de las personas de esa edad que bajan las persianas que todo es obscuro algo anda mal, a menos que sea porque no quieren que entre la tierra y cuidan el interior de su casa, si no así, es porque son personas que no aprendieron a vivir.

El nivel de conciencia es el nivel de unidad de nuevo, si aprendieron a vivir son personas que van a preocuparse por querer la unidad, y son los abuelos, abuelas que siempre van a estar rodeados de chicos y de nietos.

El sentido es el del oído. Quien aprendió a vivir en la vida escucha el doble de lo que habla y no solo te escucha a ti sino a Dios. Y si no aprendió a vivir habla el doble de lo que escucha. No hay nada más hermoso que cuando te sientas al lado de una persona de esa edad que te escucha y te habla y no empieza hablar de si misma, sino que sabe mirarte a los ojos, y escucharte atentamente, y pedirte permiso cuando te da un consejo, y no vive dándote criticas.

Termino esta etapa de la vida con una hermosa frase. Como decía San Francisco de Asís:

"**Hermana muerte, porque temerte, si la sorpresa que nos traes es a Dios**".

Se que alguien viene y esa certeza empiezo a

escucharla y se tiene oído a lo bueno y no a los chismes.

Depende de mi. Estos ciclos los vamos a vivir y como los viviré depende de mi. De que lleguemos a ser abuelos nutritivos o tóxicos depende de nosotros mismos, de los que haga en cada ciclo de la vida depende de mi.

No nos angustiemos por lo que no hicimos, hoy podemos empezar.

Termino con el siguiente pensamiento que vi en unas oficinas de Alcohólicos Anónimos.

"Aunque nadie pueda volver atrás y lograr un nuevo comienzo, cualquiera puede empezar ahora y lograr un nuevo final"

Hoy es el primer día del resto de la vida.

EPÍLOGO

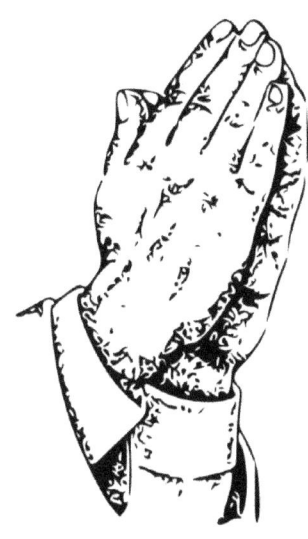

Todos nosotros inexorablemente vamos atravesar el encuentro con estos dragones, este mapa de la vida que es inherente a la condición humana.

Lo que he hecho ahora es traerles una sabiduría antiquísima, se las he puesto ordenadamente y no se pueden saltear etapas, no se pueden pasar de la juventud a la adultez, sin pasar por la adolescencia. Esto es la vida y la calidad de la vida depende de uno mismo, no de otros, por eso saber estas pequeñas verdades profundas, para poder ayudar a mis hijos y a mis padres si están en esa etapa. Y como darme cuenta a mi mismo o a mi misma, ¿que tengo que cambiar? para llegar al fin de la vida siendo una persona nutritiva, siendo una persona que aprendió a vivir.

Ojala cada vez mas tengamos más hombres y mujeres agradecidos con la vida, que tengan un gusto por la soledad, con crecimiento interior y se sienta faros de

por Jesús Alejandro Mena Gauna

los demás, y si eso pasa hemos mejorado la calidad de vida en nuestro planeta.

Bienvenido nuevamente y gracias por leer éste libro. Lo felicito por haber llegado hasta éste punto y le auguro felicidad en todas las etapas de su vida, si aplica las simples recomendaciones mencionados en éste trabajo.

Por favor considere que éste no es un libro ordinario, no solo lo debe de leerlo una vez, es un manual de vida amena, una guía diaria, que le ayudará a obtener una vida feliz.

Recuerde que éste es un manual de cabecera, debe de tenerlo a la mano todos los días y revisarlo en el punto o tema que más se acomode a sus necesidades.

Ahora que ya sabe en forma generalizada de que se trata, empiece a realizar los cambios indicados en los capítulos anteriores para caminar por el sendero de la felicidad.

Que Dios le bendiga

El Autor
Alejandro Mena

OTRAS OBRAS DEL AUTOR

de venta en www.amazon.c

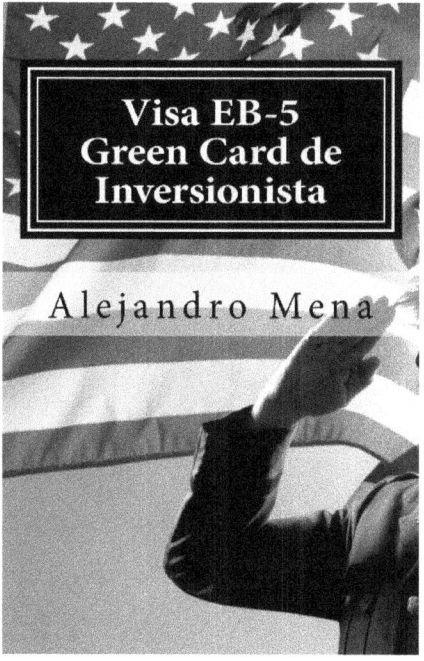

Otras Obras del Autor

Otras Obras del Autor

Otras Obras del Autor

Printed by CreateSpace, An Amazon.com

Jesús Alejandro Mena Gauna

www.ingramcontent.com/pod-product-compliance
Lightning Source LLC
Chambersburg PA
CBHW070813100426
42742CB00012B/2349